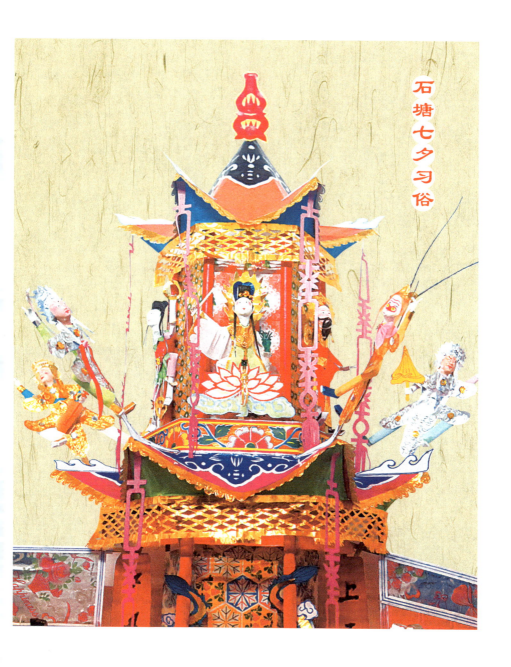

石塘七夕习俗

石塘七夕习俗

总主编 金兴盛

浙江省非物质文化遗产代表作丛书

浙江摄影出版社

邵银燕 主编

黄晓慧 编著

总 序

中共浙江省委书记
省人大常委会主任 夏宝龙

非物质文化遗产是人类历史文明的宝贵记忆，是民族精神文化的显著标识，也是人民群众非凡创造力的重要结晶。保护和传承好非物质文化遗产，对于建设中华民族共同的精神家园、继承和弘扬中华民族优秀传统文化、实现人类文明延续具有重要意义。

浙江作为华夏文明发祥地之一，人杰地灵，人文荟萃，创造了悠久璀璨的历史文化，既有珍贵的物质文化遗产，也有同样值得珍视的非物质文化遗产。她们博大精深，丰富多彩，形式多样，蔚为壮观，千百年来薪火相传，生生不息。这些非物质文化遗产是浙江源远流长的优秀历史文化的积淀，是浙江人民引以自豪的宝贵文化财富，彰显了浙江地域文化、精神内涵和道德传统，在中华优秀历史文明中熠熠生辉。

人民创造非物质文化遗产，非物质文化遗产属于人民。为传承我们的文化血脉，维护共有的精神家园，造福子孙后代，我们有责任进一步保护好、传承好、弘扬好非物质文化遗产。这不仅是一种文化自觉，是对人民文化创造者的尊重，更是我们必须担当和完成好的历史使命。对我省列入国家级非物质文化遗产保护名录的项目一项一册，编纂"浙江省非物质文化遗产代表作丛书"，就是履行保护传承使命的具体实践，功在当代，惠及后世，有利于群众了解过去，以史为鉴，对优秀传统文化更加自珍、自爱、自觉；有利于我们面向未来，砥砺勇气，以自强不息的精神，加快富民强省的步伐。

党的十七届六中全会指出，要建设优秀传统文化传承体系，维护民族文化基本元素，抓好非物质文化遗产保护传承，共同弘扬中华优秀传统文化，建设中华民族共有的精神家园。这为非物质文化遗产保护工作指明了方向。我们要按照"保护为主、抢救第一、合理利用、传承发展"的方针，继续推动浙江非物质文化遗产保护事业，与社会各方共同努力，传承好、弘扬好我省非物质文化遗产，为增强浙江文化软实力、推动浙江文化大发展大繁荣作出贡献！

（本序是夏宝龙同志任浙江省人民政府省长时所作）

前 言

浙江省文化厅厅长　金兴盛

　　要了解一方水土的过去和现在，了解一方水土的内涵和特色，就要去了解、体验和感受它的非物质文化遗产。阅读当地的非物质文化遗产，有如翻开这方水土的历史长卷，步入这方水土的文化长廊，领略这方水土厚重的文化积淀，感受这方水土独特的文化魅力。

　　在绵延成千上万年的历史长河中，浙江人民创造出了具有鲜明地方特色和深厚人文积淀的地域文化，造就了丰富多彩、形式多样、斑斓多姿的非物质文化遗产。

　　在国务院公布的四批国家级非物质文化遗产名录中，浙江省入选项目共计217项。这些国家级非物质文化遗产项目，凝聚着劳动人民的聪明才智，寄托着劳动人民的情感追求，体现了劳动人民在长期生产生活实践中的文化创造，堪称浙江传统文化的结晶，中华文化的瑰宝。

　　在新入选国家级非物质文化遗产名录的项目中，每一项都有着重要的历史、文化、科学价值，有着典型性、代表性：

　　德清防风传说、临安钱王传说、杭州苏东坡传说、绍兴王羲之传说等民间文学，演绎了中华民族对于人世间真善美的理想和追求，流传广远，动人心魄，具有永恒的价值和魅力。

泰顺畲族民歌、象山渔民号子、平阳东岳观道教音乐等传统音乐，永康鼓词、象山唱新闻、杭州市苏州弹词、平阳县温州鼓词等曲艺，乡情乡音，经久难衰，散发着浓郁的故土芬芳。

泰顺碇步龙、开化香火草龙、玉环坎门花龙、瑞安藤牌舞等传统舞蹈，五常十八般武艺、缙云迎罗汉、嘉兴南湖掼牛、桐乡高杆船技等传统体育与杂技，欢腾喧闹，风貌独特，焕发着民间文化的活力和光彩。

永康醒感戏、淳安三角戏、泰顺提线木偶戏等传统戏剧，见证了浙江传统戏剧源远流长，推陈出新，缤纷优美，摇曳多姿。

越窑青瓷烧制技艺、嘉兴五芳斋粽子制作技艺、杭州雕版印刷技艺、湖州南浔辑里湖丝手工制作技艺等传统技艺，嘉兴灶头画、宁波金银彩绣、宁波泥金彩漆等传统美术，传承有序，技艺精湛，尽显浙江"百工之乡"的聪明才智，是享誉海内外的文化名片。

杭州朱养心传统膏药制作技艺、富阳张氏骨伤疗法、台州章氏骨伤疗法等传统医药，悬壶济世，利泽生民。

缙云轩辕祭典、衢州南孔祭典、遂昌班春劝农、永康方岩庙会、蒋村龙舟胜会、江南网船会等民俗，彰显民族精神，延续华夏之魂。

我省入选国家级非物质文化遗产名录项目，获得"四连冠"。这不仅是我省的荣誉，更是对我省未来非遗保护工作的一种鞭策，意味着今后我省的非遗保护任务更加繁重艰巨。

重申报更要重保护。我省实施国遗项目"八个一"保护措施，探索落地保护方式，同时加大非遗薪传力度，扩大传播途径。编撰浙江非遗代表作丛书，是其中一项重要措施。省文化厅、省财政厅决定将我省列入国家级非物质文化遗产名录的项目，一项一册编纂成书，系列出版，持续不断地推出。

这套丛书定位为普及性读物，着重反映非物质文化遗产项目的历史渊源、表现形式、代表人物、典型作品、文化价值、艺术特征和民俗风情等，发掘非遗项目的文化内涵，彰显非遗的魅力与特色。这套丛书，力求以图文并茂、通俗易懂、深入浅出的方式，把"非遗故事"讲述得再精彩些、生动些、浅显些，让读者朋友阅读更愉悦些、理解更通透些、记忆更深刻些。这套丛书，反映了浙江现有国家级非遗项目的全貌，也为浙江文化宝库增添了独特的财富。

在中华五千年的文明史上，传统文化就像一位永不疲倦的精神纤夫，牵引着历史航船破浪前行。非物质文化遗产中的某些文化因子，在今天或许已经成了明日黄花，但必定有许多文化因子具有着超越时空的生命力，直到今天仍然是我们推进历史发展的精神动力。

省委夏宝龙书记为本丛书撰写"总序"，序文的字里行间浸透着对祖国历史的珍惜，强烈的历史感和拳拳之心。他指出："我们有责任进一步保护好、传承好、弘扬好非物质文化遗产。这不仅是一种文化自觉，是对人民文化创造者的尊重，更是我们必须担当和完成好的历史使命。"言之切切的强调语气跃然纸上，见出作者对这一论断的格外执着。

非遗是活态传承的文化，我们不仅要从浙江优秀的传统文化中汲取营养，更在于对传统文化富于创意的弘扬。

非遗是生活的文化，我们不仅要保护好非物质文化表现形式，更重要的是推进非物质文化遗产融入愈加斑斓的今天，融入高歌猛进的时代。

这套丛书的叙述和阐释只是读者达到彼岸的桥梁，而它们本身并不是彼岸。我们希望更多的读者通过读书，亲近非遗，了解非遗，体验非遗，感受非遗，共享非遗。

2015年12月20日

目录

温岭地处浙东南沿海，台州湾以南，市境三面濒海。明成化五年（1469年）十二月从黄岩县析出，原名太平县，1914年改为温岭县。

台州有句老话叫"温黄熟，六县足"，温岭是台州的重要"粮仓"，是闻名遐迩的鱼米之乡。温岭也是我国著名的海洋渔业大市，自古以来，代代温岭人耕海牧渔，与严酷的自然环境搏斗，收鱼盐之利，享美好生活。温岭人不仅创造了美好的物质生活，也留下了丰富多彩的非物质文化遗产。

本书所写的石塘七夕习俗，是流传于石塘镇部分地区（原石塘镇、箬山镇部分村落）闽南移民后裔聚居地的习俗。每年农历七月七，这一区域的信佛（泛神的民间信仰）人家，照例要为1岁至16岁的小孩子过生日，事先准备好由民间糊纸艺人或自己用毛竹条、彩纸（或缎、绢）和泥巴等扎制而成的彩亭、彩轿、七娘妈座，并同时准备五牲（三牲）、五果六菜、七种鲜花、七色线等供品，由家里的女性如祖母、母亲等主持，祭拜少年儿童的保护神七娘夫人（七娘妈），祈求七娘夫人保佑孩子们平安健康成长，当地通称为"做七月七"或"小人节"。 这一习俗在"文化大革命"时被当作封建迷信受到冲击，近年来复苏，但进入新时代后，又受到多种因素影响而有所式微，为此，政府和有关部门正努力抢救该习俗，使其得以绵延……

经有关专家考证，石塘七夕习俗的来源，最早可以追溯到北宋时七夕"拜双星，并乞巧，玩摩睺罗（又称摩诃乐、摩侯罗或魔合罗）"的习俗，因此，它是我国七夕乞巧文化的"活化石"，同时，结合实地考察可知，石塘七夕习俗与石塘闽南移民后裔的祖籍泉州以及台湾台南、高雄，玉环坎门镇，温州洞头等闽南移民文化圈的七夕习俗有相近似之处，具有有迹可循的源流关系，因此，对石塘七夕习俗的研究非常有价值。本书编著者多年来一直实地走访、关注石塘小人节，对其有较深入的研究，相信本书的出版，能促进对闽南文化圈七夕文化的研究，也会有助于我们更好地认识和了解自己的家乡。

　　非物质文化遗产是劳动人民长期创造积累的重要财富，是民族的灵魂。近年来，温岭市委、市政府高度重视非物质文化遗产保护和传承工作，在完成普查汇编的基础上，先后出版了《温岭记忆——温岭市非物质文化遗产名录介绍》《温岭民间文学》《温岭民间音乐》《温岭民间工艺美术与传统技艺》《温岭方言俗语》《温岭民间习俗》六本普查系列丛书以及《温岭大奏鼓》一书。值此省文化厅编辑出版《浙江省非物质文化遗产代表作丛书·石塘七夕习俗》之际，向所有参与过石塘七夕习俗挖掘、整理、传承、保护的文化工作者、民间艺人、相关单位的领导和同志，以及上级文化主管部门、出版社同志及相关指导专家表示诚挚的谢意！

温岭市人民政府副市长　王天宵

一、概述

石塘七夕习俗流传于浙江省温岭市石塘镇部分地区——原石塘镇、箬山镇的部分村落，包括新滨、新红、新峰、新进、东兴、兴建、胜海、东湖、东山、东海、花岙、里箬、小箬、水仙岙、桂岙、庆丰、长海、长征、前进、中山、新东、东角头、小沙头、新村。小黄泥、大黄泥、前红、粗沙头、流水坑、捕屿等村则不兴此俗。每年的农历七月七，在石塘的闽南移民后裔信佛（泛神的民间信仰）人家都要为一岁至十六岁的小孩子过节日，祭拜少年儿童的保护神七娘夫人，当地通称为『做七月七』或『小人节』。

一、概述

    2011年5月，浙江温岭的石塘七夕习俗与广州的天河乞巧习俗合为"七夕节"项目入围国家级非物质文化遗产扩展项目名录。

    石塘七夕习俗流传于浙江省温岭市石塘镇部分地区——原石塘镇、箬山镇的部分村落，包括新滨、新红、新峰、新进、东兴、兴建、胜海、东湖、东山、东海、花岙、里箬、小箬、水仙岙、桂岙、庆丰、长海、长征、前进、中山、新东、东角头、小沙头、新村。小黄泥、大黄

石夫人峰是温岭的象征

泥、前红、粗沙头、流水坑、捕屿等村则不兴此俗。每年的农历七月七，在石塘的闽南移民后裔信佛（泛神的民间信仰）人家都要为1岁至16岁的小孩子过节日，祭拜少年儿童的保护神七娘夫人，当地通称为"做七月七"或"小人节"。

[壹]石塘七夕习俗的历史渊源

石塘七夕习俗祭拜的七娘夫人，即闽南人所称的七娘妈、七星娘娘、七星娘、七星奶、七星妈、七星夫人，一般认为是传说中的七仙女及其姐妹，塑像或画像为七位端庄温柔的女性。七夕相传是七娘生日，俗称为"七娘妈生"，故于此日祭祀七娘夫人，以保佑孩子平安健康成长。

七月七祭拜七娘妈仪式必备的祭祀用品有三种，即彩亭、彩轿和七娘妈座。彩亭也叫纸亭，当地人用闽南语发音就一个字"亭"。亭中写有"虫二亭"字样，虫二即繁体字"風月"两字去掉外框，寓意风月无边。一般来说，男孩子用彩亭，女孩子用彩轿，或不分男女用制作非常简单的七娘妈座，仅在纸牌上装饰七娘夫人人偶或纸偶即成。16岁时，男孩子用特制的"满金亭"，女孩子用"满金轿"。不过，现在独生子女多，女孩子在1—15岁祭拜时也多用彩亭了。

彩亭为半边状的立体造型，正面突出，背面平直，两个彩亭背靠背贴合在一起则为一个立体六角亭。彩亭有两层、三层的，相传底层为"保赤宫"，为七娘夫人神居，上面还有楹联，如"上天奏好事，下界

这家女孩子按传统的习俗用彩轿

保平安"、"二祈礼拜八节圣神,一心诚敬七娘夫人"、"一心诚敬佛,下界保平安"等,二层后壁,现一般贴有观世音版画。

彩亭、彩轿等由渔村糊纸艺人用毛竹条、彩纸(或缎、绢、布)和泥巴等扎制而成,其中彩亭高约80厘米,一般为两层,扎制最为精致,也最花工夫。彩轿次之,七娘妈座则最为简单。16虚岁的孩子代表成年,是最后一年过节,要用的彩亭和彩轿则称满金亭、满金轿,制作工艺较其他岁数用的彩亭、彩轿更讲究些。满金亭特别精致,有的做到三层,有一米多高,底层中间还装饰着一个背着包袱、拿着雨伞上京赶考的书生泥偶,寓意孩子长大成人。满金轿中则装饰着一个带着包袱、雨伞的女孩泥偶。

　　石塘、箬山的彩亭，都在彩亭的每层上装饰一些戏曲人物小泥偶（或纸人、绢人），这些小泥偶制件精巧，题材多取于《封神榜》、《西游记》、《白蛇传》、《童子拜观音》等戏曲。彩亭的优劣，一半取决于上面装饰着的戏曲泥偶是否精美。糊亭的纸扎艺人，常以彩亭上的泥偶精细程度争胜竞艺。

　　过小人节的人家一般在农历七月初一前，从纸扎艺人处请彩亭回家里供奉，每日焚香祈祝，至七月七当天凌晨或上午，置供桌上祭拜烧金。

　　按传统习俗，小人节祭拜仪式一般由家里的女性如祖母、母亲等主持。祭拜时，大人们将供桌摆放在自家门前，在桌中间放上彩

石塘桂岙人过小人节

梁财庆制作的满金亭上的赶考书生　　徐彩娥做的满金轿细节

亭、彩轿或七娘妈座，在彩亭或彩轿前点上香烛，摆上一壶老酒、七只酒盅，在托盘上面摆上祭品。在上了三炷香，叫小孩或大人代小孩许愿后，将彩亭或彩轿以及金纸等放在铁镬中烧掉。仪式结束后放上几挂鞭炮庆祝。烧后的纸灰，送往海滨沙滩倒掉。在焚烧前，大人们常扯下轿亭中装饰用的人物泥偶供小孩子玩。

石塘人多为明清时闽南移民后裔，石塘七夕习俗应当就是当时移民带到温岭的。在福建泉州、厦门等地，目前还流传着七夕拜七娘妈的习俗。据实地调查，温岭石塘七夕习俗与泉州惠安崇武等地的习俗较为相近，但在纸亭制作、祭拜仪式上，又有些许不同。如崇武的纸亭上没有戏曲人物泥偶，只有代表七娘夫人的七个小泥偶。祭拜时，1岁和16岁的孩子，同时置两个纸亭。在焚烧前，要掷筶请示神明是否可烧亭。崇武人在做16岁时还配有花盆和花斗（女孩子用花盆，男孩子用花斗），所供奉的五果六斋（即六菜），也因两地物产的不同而有区别。而台湾省台南市也有纸糊供奉织女的"七娘妈"彩亭和给孩子做16岁的习俗。在温州洞头、台州玉环县坎门镇都有七月七置七娘亭祭拜七娘夫人的习俗。这些地方的居民多为闽南移民后裔，故也有此风俗。从记载来看，石塘七夕习俗与这些地方的七夕习俗，应当是同源异流，但具有独特性。

石塘七夕习俗可追溯到北宋，当时，民间有七夕"拜双星，并乞巧，玩摩睺罗（又称摩诃乐、摩侯罗或魔合罗）"的习俗，但现在许多地方都没有了这一风俗，因此，小人节作为民间乞巧文化的活化石，对研究汉族传统节日文化、闽南文化等极有学术价值，它对于增加当

梁财庆收藏的有须孔的泥人头

泥偶坯

小人节是孩子们的节日

地的文化内涵和知名度，推动旅游事业发展也具有积极作用。

2003年8月4日（农历七月七），由日本神奈川大学、日本信州大学和北京师范大学、华东师范大学、北京广播学院等院校专家组成，以日本神奈川大学福田亚细男教授为团长的中国江南沿海村落民俗研究中日联合考察团专家组走进箬山东山村实地考察了解小人节风俗。

这个考察团有日方专家7人，中方专家5人。他们中的大部分人是第二次走进石塘渔村。福田亚细男教授等中日民俗学专家早在10年之前就启动了中国江南沿海农耕民俗文化调查研究。2002年，他们又启动了沿海村落民俗研究田野调查。同年8月下旬，该团在石塘渔村进行了两天的调查了解，确定东山村、里箬村为跟踪调查对象。该团在温岭进行的民俗调查内容包括渔家民俗、渔村传统建筑、中国传统信仰、服饰文化等。

小人节这一独特风俗从哪儿来？这次联合田野调查出了许多研究成果，中日联合考察团成员之一、华东师范大学对外汉语系主任、博士生导师陈勤建教授在《广西师范学院学报》（哲学社会科学版）2005年第4期上撰文指出，石塘七月七小人节祭拜与台湾省台南、高雄七星娘娘神诞祭祀殊途同归，共同源于北宋期间京城开封流行的七夕风俗。

这篇题为《当代七月七"小人节"的祭拜特色和源流——浙江温岭石塘箬山与台南、高雄七夕祭的比较》的论文，共分"石塘箬山七夕小人节的祭拜特色"、"石塘箬山七夕小人节的祭拜由来"、"北宋京城七夕风俗遗存和滥觞"三部分。陈勤建教授通过对箬山东兴村小人节祭拜彩亭制作人陈琦、骆业生、梁财庆、陈其富和祭祀人梁翠琴等人的调查，在"石塘箬山七夕小人节的祭拜特色"小节中按"节日称谓"、"祭祀对象"、"祭祀器物"、"祭祀供品"、"祭祀程式"几方面予以记述，指出小人节祭祀的神灵民间俗称为"七星神"、"七姑星"，亦名"七女神"、"七娘夫人"、"七姑"、"七仙女"等，"在中国，传统的七夕传说和祭祀，在现代化进程中逐渐消退，可在箬山地区仍很活跃。

而且，对于牛郎织女的悲欢离合，这里的民众，衍化为关注他们自身的爱情结晶——孩子的健康成长，孩子的前程和未来。"

在"石塘箬山七夕小人节的祭拜由来"一节中，陈教授说，这一"别具一格的七夕祭拜习尚，马上引起了在当地考察调研的中日专家学者的关注。它与我们广泛流传的七夕习尚似乎很不一样。"

"七夕风俗，经长期演化，形式多样，大陆一般的地方志，大致有乞巧、祭拜魁星晒棉衣、祭拜七星娘娘、祭拜床母等。似乎没有小人节这样独特的祭拜场景。"

"广大中原地区似无类似记载，而台湾说当代还有文史记录的踪影。"陈勤建在文中引用了连横《台湾通史·卷二十三》、《台南县志》、《高雄县志稿》等有关资料，证明七夕日在台湾台南、高雄地区，除流行乞巧等常见的节日习俗外，还有纸糊供奉织女"七娘妈"彩亭的特殊习俗。七娘妈，又称"七星娘"，谓七星娘为幼年子女守护之神，为年达16岁之子女祈求美好的未来。

"这与海峡彼岸的石塘箬山的小人节祭拜十分相似，所不同的是，石塘箬山小人节的祭拜，是小孩出生后，年年当生日过，直至16岁。而台南、高雄等地，据上述文献记载，似乎只在16周岁才进行一生中唯一的一次。论祭祀的烦琐、持久，大陆的石塘箬山显然要比台湾一些地区丰富。"

在"北宋京城七夕风俗遗存和滥觞"一节中，陈勤建教授引用了《梦华录·七夕》、《梦粱录·七夕》等记载当年宋都盛况的笔记小说，指出当时"无论是北宋京城开封，还是南宋京都杭州，农历七夕，少男少女，穿新衣，拜双星，并乞巧，玩摩睺罗，从民间到宫廷，到处流传，盛行不衰"。而"摩睺罗原是佛教的天龙八部神之一，当年曾是一个国王。有一位仙人犯了罪，被禁在后园中，国王忘记了这件事，有6日未供奉食品。国王因此被罚坠入黑暗地狱，过了6万年才脱身成胎，又过6年才出世。6岁出家成佛，得道后，入大乘，久住世间者乃其变化身。供奉摩睺罗偶像成了信徒的一种信仰。偶像大多是泥塑的小泥人，也可用木雕的。宋朝与异族文化交流甚深，所以容易受到影响。民间在七夕逐渐流行'摩诃乐'的娃娃，又称'摩侯罗'或'魔合罗'，因是梵文音译，所以不太一致，为祭祀织女、牛郎的一种供品。"

"随着时光的流逝，摩睺罗佛经的信仰光环逐步褪去，变为纯粹的玩偶，中国固有的传说戏剧人物取代了它的形象，成了今天温岭石塘箬山七夕小人节的独特景观。为什么自从宋之后，除石塘等个别偏远海边小岛尚存遗迹，大陆各地难见其踪迹？这恐与宋亡有关，此遗迹地，是宋王朝最后的生存地，因为地理偏僻，后来的王朝势力和风尚影响薄弱，使其如活化石般得以保存和延续。"陈勤建教授在文末总结说，"深入研究，对我们认识七夕文化生命的演变，传统节日的传承途径和方法，以及今天的文化传播和建设具有很大的

《感谢七娘夫人功德文疏》

箬山某家将鸡柳汉堡也做供品

意义。"

陈勤建教授的论文将小人节放在一个更大的文化空间和历史空间来对比研究，为小人节的探源研究开启了新门路，开阔了人们对小人节习俗研究的眼界。

但是，从现在已掌握的材料来看，陈勤建教授当时还没有注意到石塘箬山闽南文化的源头泉州七月七的情况，而只是将台湾高雄、台南等地的书面记载与石塘箬山的七夕习俗作比较，他还从宋代的文献中找到线索，认为"这一习俗是我国古代七夕祭拜七星娘娘遗风在该地特有生态环境中的滥觞和变异，其间传承了宋代京城特有的自元以后几乎匿迹、渗有印度异域文化因子的七夕习俗"。

在泉州实地考察中笔者注意到，惠安崇武过七月七时，当地人供奉的七娘亭上，并没有如温岭石塘箬山纸亭中装饰的那种戏曲纸人，其他闽南文化圈的地方，好像也没有这一现象。是祖地泉州原本有而现在消失了，还是石塘箬山这里别出心裁的创意呢？现在很难下结论。

笔者注意到，在泉州的中国闽台缘博物馆内，有一张老奶奶在制作类似石塘箬山戏曲纸人的照片，但笔者问过一些泉州人，都说不清楚那是做什么用的。而笔者注意到，在潘鲁生、黄永健著的《纸人纸马》中谈到戏曲纸扎时说："纸扎是民间百姓们为祭祀亡灵而做的供奉品，而在过去的年代里，民间百姓能感受到的最大娱乐消

遣莫过于听曲看戏，这是人生中最重要的精神享受，因此人们用纸
扎来表现戏曲故事，用这种形式来祭祀死者的灵魂，希望亡者能够
享受生前所未曾享受的美好生活，把纸扎戏曲奉献给亡灵，希望纸
扎能在冥界中发挥作用，愉悦亡灵，使亡灵受益，向死者表示生者
的哀悼、思念之情和敬爱之心。戏曲纸扎中的题材选取多与戏剧中
的神话故事、人物传说有关。山东曹县是有名的戏曲之乡，戏曲纸扎
最具有特色。"潘鲁生在一本谈纸扎的书中，提到了泉州等一些地
方，有制作戏曲罩人的习俗，所谓罩人，即棺材罩上装饰的戏曲小纸
人，曹县的戏曲纸扎也是用于丧俗，则泉州原来就有这样制作戏曲
纸扎的风俗，那么，笔者在泉州中国闽台缘博物馆中看到的照片中

泉州中国闽台缘博物馆里的图片（翻拍）

制作的戏曲人偶，是否有可能是用于丧俗的呢? 祖上是泉州惠安人的石塘箬山人，是否将这种戏曲纸人移植到彩亭上了呢?

另外，从温岭民俗来说，温岭民间，素有在庙宇主祀的神佛寿诞之日演剧庆贺的习俗，如三月廿三是妈祖寿诞，届时，各妈祖庙（天后宫）必于这一天前后演戏庆贺。在温岭有些地方，如果演戏的地方远离庙宇，人们还要在戏台对面搭一个临时棚，将"老爷"（人们对庙里神像的尊称）"请"到这里"看戏"。

此外，石塘、箬山的扛台阁活动与闽南的"艺阁"巡游活动有些类似。

据《闽南乡土民俗》记载，"'艺阁'也称'诗意艺阁'、'扛艺'、

泉州天后宫中七娘夫人塑像

‘营艺’、‘装阁’、‘装台阁’、‘艺棚’等，这里所谓的‘阁’、‘棚’指的是‘阁台’或‘阁棚’，由单人床大小的一块木板，周边围以40厘米高的栅栏而成，板上安装有能转动或不能转动的座位或其他装置，形成一个装饰华丽的小小戏台或戏棚；而所谓的‘艺’，则指在这个小型的活动舞台上的表演。通常一个小小的阁棚上都有一两个化装

石塘扛台阁活动

为某戏曲中的人物，坐在阁棚里表演。所以，艺阁就是阁棚上的艺术表演，即在一装饰华丽的阁台上，由大人或小孩扮演各种故事的活动舞台。由于小型的艺棚多由人扛着展演，故也称扛艺，而'营'意思是行走表演，因此，'营艺'就是扛着艺棚巡游的意思，至于'装阁'则是阁台上的化装表演。'艺棚'则是阁棚上的艺术表演。如果好些台艺阁凑成一阵或串在一起，它就成了'阁队'了。"

"艺阁"中，都坐着孩童扮演的戏曲人物，俗称"阁旦"。孩子们扮演着戏曲人物，坐在可以转动的座椅上，来回转动，做出某些戏曲程式动作或造型，有的也会手执檀板清唱南单音或歌仔戏。如配器演唱，阁队还需要配备文武乐队。艺阁中扮演的戏曲，都是闽南人喜闻乐见的历史和神话故事，如《陈三五娘》、《梁山伯与祝英台》、《三国演义》、《白蛇传》、《井边会》、《郑元和》、《封神演义》、《水浒传》、《观音收鲤鱼》、《唐明皇游月宫》等。而在台湾，有的艺阁，取材则为台湾的史事，如《吴凤成仁》、《北港进香》。

而在石塘、箬山，也有类似的将小孩子扮成戏曲（近年来又有扮流行电视剧）人物，置于台阁中巡游的风俗，那就是元宵节前后的扛台阁活动。

附录：箬山旧时扛台阁习俗

兴建村支委委员陈祥凤（2014年时58岁，2013年接受了笔者的采访），他说，他从18岁起就参与扛台阁活动。他第一年是参加扛火镜（即扛台阁前面引导的火镜），第二年就参加扛台阁了。

"那时候的台阁不是现在这样的，是用一张四方桌即八仙桌和一张半边桌（相当于上间里的供桌）拼在一起，六脚朝天（因为中间的桌脚绑在一起）翻转搭成的，前面是四方桌，后面是半边桌，上面用毛竹爿搭成架，装饰上鲜花等，两边用竹杠穿过去，便于扛着走。当时的照明，则是用汽灯，一杠台阁用两三盏汽灯，远没有现在这样亮。我记得汽灯用了好几年后才改用电瓶供电。不过，台阁里面的戏曲人物，扮也是这样扮的，只是当时不像现在这样可租赁或是购买戏服，有时候用缎子被面改为戏服。现在的台阁样式，最早是我们村开始用的，现在各个村都用这样的台阁，石塘也都是学我们箬山这边的。"

扛台阁的发起人，实际上是民间人士，并不是官方。因为老祖宗有规矩，要扛，就要连扛三年。而发起的方式是，发起的村先将火镜扛到别的村，如果该村的人（也是一些热心于公益事业的人）响应，就放炮仗表示，最后响应扛台阁的村参与进来后，至少也要扛三夜，比如说，正月十五将要结束了，这时，又有一个村跳出来响应，第一个发起的人，则要坚持陪到底，这将是一笔很大的开销。为此，渔村还曾有过"扛台阁扛到倾家荡产"的故事。以往，扛台阁常连续扛十多夜，不过，2013年为了节俭过节，石塘片和箬山片的群众约定，双方都只扛五夜，在之前一晚的扛火镀时，各个参与的村都放炮仗一起响应。

以往扛台阁超过十夜，耗费颇巨，过去常向村民募资。陈祥凤说，像兴建村，现在主要是由渔船船主出资，还有一些商家、个人等自愿出资。还有一些村，过去还会挨家挨户募集。南新区是一个新建的居民小区，居民来自箬山的各个村，不算一个行政组织，领头的很热心。南新区一般也还都是挨家挨户募集的。

扛台阁的人，过去都是各个村本村的渔民，近年来，外来务工人员激增，渔船出海早，留守的渔民不多，扛台阁等的苦累活，就出资让外来务工人员来做了，不过，扛前导火镀的，则一般都是各个村（居民区）本地人。

作为渔乡箬山的传统闹元宵活动，扛台阁在箬山人心目中的地位很高，一个人，如果小时候扮过台阁，整个家庭都引以为傲。

在石塘、箬山元宵节前举行的扛台阁（扛火镀）活动中，由童男童女扮成戏曲故事（近年也有电视剧故事）人物。这些台阁在每晚开始巡游前，照例都要从参与的各个村的村庙里敬神后出发，如里箬村现是玄天庙，东兴村和兴建村是打只吞禹王庙。而台阁中扮演的戏曲人物故事，有敬神和娱人的双重作用。

与泉州不同的是，这些台阁中的孩子，只打扮成戏曲或电视剧中的人物，而不表演或演唱，一般角色在两人到四人之间，如《白蛇传》就有白蛇、青蛇和许仙三人。

台阁中的孩子，过去扮的多是戏曲人物故事，如《打金枝》、《白蛇传》、《梁祝》、《三笑》、《百岁挂帅》、《收鱼》(追鱼)、样板戏等，后来发展到一些流行的电视剧中的故事人物，如有一年，《宫锁珠帘》较流行，就扮《宫锁珠帘》中的人物，2013年笔者发现还有扮《母仪天下》这样的电视剧故事的。以前还看到过《智取威虎山》和《张学良与赵四小姐》这样的现代题材的戏曲人物。

那么，石塘箬山七月七时，纸亭上插着的《大闹天宫》、《八仙过海》、《封神榜》等戏曲人物，是否也有类似的作用呢？是否以戏曲敬神，同时也娱人，让七月七的主角孩子们欣赏呢？

当然，由于没有文献的记载，我们很难考证，石塘箬山七月七纸亭上插戏曲人物纸人偶习俗，到底起源于何时。石塘箬山最早的闽南籍居民迁居本地时，是否即带来了纸亭上插戏曲纸人的习俗？这个也很难作出回答。但是，这一似乎是石塘箬山特有的习俗，作为七夕习俗的一块"活化石"，对于我们认识闽南七夕文化的源流，具有重要的参考作用。

而石塘箬山等地过小人节的孩子，在七月七时挂七色线的习俗，毫无疑问，应当是端午挂长命缕的习俗的延伸。因为五月天气炎热，容易流行疫病，人们便将它称为恶月，并佩戴长命缕，以避刀兵之灾,求保平安,这一习俗自汉朝以来就开始在民间流行。《太平御览》卷三引汉应劭《风俗通》:"五月五日,以五彩丝系臂者,辟兵及鬼,令人不病瘟。""五彩,辟五兵也。"而石塘箬山这边用七色线,特意包含了"七",可能与七娘夫人有关。

陈支平、徐泓编的《闽南文化百科全书》中也说,长命缕,亦称"五色缕"、"续命缕"、"续命丝"、"百岁缕"、"长命线"、"辟兵缯"等。端午节给小孩用的辟邪物之一。由代表五行的青、红、白、黑、黄五色丝线混合而成,在端午节时缠绕扎在小孩的手腕上,男左女右,也可挂在脖子上,或折叠成方形缀于胸前,以保佑孩子平安顺利成长,辟邪祛瘟。小孩在端午节戴上长命缕后,一直挂到七夕七娘妈生日那天才解掉。

这一习俗似乎不仅限于闽南地区,在福建《宁德地区志》中也有记载:"古田、寿宁俗,有用五色线系小儿臂膀,以禳灾沴,至七夕始弃之,俗称'系节'。"

《民国厦门市志》载:"初七夜,曰七夕,人家具鸡黍、酒肉、瓜果祀七娘,儿童以红丝线系钱挂胸前。"

另外,石塘箬山等地过小人节的孩子,在七月七时挂七色线的习俗(到16岁时解下烧掉),也有与祖地泉州一样,拜七娘妈做"契子",求七娘妈保佑的意思,只是现在石塘、箬山一带的孩子在七月七时挂七色线不是很普遍了。

《福建省志民俗志》载："在闽南侨乡，'七娘妈'被视为小孩的保护神。每逢七夕，凡有1岁或16岁子女的家庭最为忙碌热闹，因为小孩出世的第一年要拜'七娘妈'为干娘，以置于她们的庇护之下，此称'新契'。到了16岁，已是成年，根基已固，可以脱离干娘了，俗称'洗契'。"

《惠安县志》记载："有的妇女还让未满周岁的婴儿乞拜'七娘妈'做'契子'，祈求干娘保佑谊子无灾无难，长命康宁。这种人须备'七娘亭'置于厅口，香案上供牲醴、瓜果、香笔、脂粉之类，让少儿拜七娘求谊妈赐福。俗叫'做七娘生'（日）。"契子就是干儿子，这就是说，要认七娘妈为干娘，这样她就会保佑孩子了。

《闽南乡土民俗》记载："由于闽南人认为七娘妈是孩子的守护神，所以，他们常以将小孩过继给七娘妈做契子女到十六岁，来保佑孩子平安长大成年，俗称'做契'。做契通常在孩子出生后的第一个七夕举行。即在祭拜七娘妈时，要供上一张过继的契约，或烧给七娘妈，或贴在有七娘妈或女神的神庙中。"

"此外，在闽南地区，做契时还要自己买一个七娘妈亭来供奉，并把它挂在内室里，以保佑孩子平安顺利。同时给孩子挂个絭，即红丝绳串起来的有孔铜钱。以后每年的七夕，都要为絭换一根红丝绳，并买个新的七娘亭来替换，旧的就在祭祀七娘妈时烧掉。到孩子十六岁时，要买一个大型的七娘妈亭，内贴一张七娘妈像，七夕时在家中备办丰盛的供品，举行洗契的成年礼。在用丰富的供品祭祀七娘妈后，由父母举着七娘妈亭，让十六岁的孩子从下面钻过去，并脱掉脖子上挂的綮，来表现孩子在七娘妈的庇佑下顺利过关；然后将七娘妈亭、契约和金箔纸等一起烧掉，从而完成孩子的成年礼。"

这一段文字配的是《金门岁时节庆》一书中的祭拜七娘妈图片。

"由父母举着七娘妈亭，让十六岁的孩子从下面钻过去"，台南也有这样的仪式，但是在石塘、箬山等地似没看到过，不过在孩子脖子上"挂个綮"代表"拜契"意思则是差不多的。

目前的石塘、箬山七月七小人节习俗，与"文化大革命"前相比，最主要的差别是祭祀时间提前了。"文化大革命"前，祭祀时间在七月七当天的午后。但是"文化大革命""破四旧"时，小人节被作为封建迷信的活动被禁止，许多糊亭艺人受到了冲击。如现在石塘镇箬山片东湖村的陈筱祥师傅，他家早先住在现居处下面一点位置，老屋前原有空屋基。陈筱祥是1947年那年出生的，26岁那一年结的婚。他回忆说："记得是在我婚后那一年，正在'文化大革命'中，'破四旧'，将小人节祭拜视为迷信，不准糊亭了。但是老百姓还是要过小人节的，只是偷偷地过，我也偷偷地做纸亭。那一年，村子附近的人向我订了40个纸亭，就在这40个纸亭快做好时，箬山公社的干部带着大队干部大概八九个人，到我家里来查亭。他们进来，将我辛辛苦苦做的40个亭，全部拿出去，在空屋基上烧掉了，还把我用的

2014年东海天后宫妈祖石像开光仪式

一些潮州头（来自潮州的泥偶头）也烧了。"

　　郭光兴师傅是有名的糊亭艺人，他是石塘镇海滨村（旧称六村）人，1946年3月2日出生，2014年时68岁。他在14岁时就独立开店，他回忆说："我开店的时候，当时的糊亭人有阿玉，也是六村人，在小学边上。还有小奶儿，他姓郑，他做起来的亭卖得比人家稍便宜些。'文化大革命'期间，只剩下我和小奶儿两户在做了。'文化大革命'时'破四旧'，在石塘，我也被冲击过多次。镇里的干部来把我的图样、七娘夫人印版，还有花纹的印版都给收走了。花纹的印版是印花纹用的，因为手工剪剪速度慢，印的话速度快。这个时候，还不用观世音印版的。当时我用的印版都是郑达全刻的，他也是海滨村人，他

老人们在箬山打井岙禹王庙里打纸牌

过去是地主，现在已去世多年了。那些印版被收走烧掉后，我才自己刻起来，没有达全刻得好。我擅长剪纸，刻木不擅长。石塘镇干部每次来都有十几人，楼上楼下围起来，把半成品的竹扎的骨架踩坏了许多，缴去的东西放镇里的食堂里当柴烧。我向镇里煮饭的人讨了一些回来。因为受到冲击，小奶儿就到石苍岙做，我也放在石苍岙做，因为我老丈人是石苍岙人。糊好了亭，我叫石塘人下半夜三四点钟带着被面到石苍岙拿亭，用被面把纸亭包住，免得被人看到。那个时候，我有二十一二岁吧。小奶儿放在石苍岙做时，被干部抓住了还被游街过。红纸、绿纸剪起来一串串挂在棒上本来是装饰纸亭用的，但这些串加串的彩纸，被干部拿来挂在小奶儿的头上，让他在石苍岙游街。后来,我放在箬山骆业生家里也做过。那个时候,箬山的几个糊亭人都同情我,骆业生请我到他家里去糊亭。糊亭的时候,放在楼上做,楼下的门开着,故意给人以没有在做亭的感觉,实际上楼上在做。那时候,我糊亭也不是一个人糊,还有一些小朋友帮我一起糊,我就叫小朋友在天还没亮时,从桂岙岭头翻过山到箬山糊亭。"

里箬村的庄阿兰,生于1938年。她回忆说,"文化大革命"时,箬山公社的办公场所就设在里箬大队的陈和隆旧宅里。这样,里箬村(当时叫大队)人就在公社干部的眼皮底下生活。但老百姓还是要做七月七的,只不过将时间提前到凌晨四五点钟时做,仪式结束时也不燃放鞭炮,以免引起麻烦。那时,她家所用的纸亭,曾向北山头

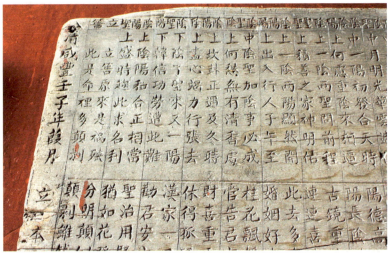

里箬村玄天庙清咸丰年间的箬诗

的黄珠义购买。

正是因为"文化大革命"的冲击,人们将七月七祭拜七娘夫人的仪式,提早到七月七当天的凌晨、上午举行,相沿成习,一直传到现在。

除了七月七外,石塘、箬山人还将九月九也称作小人节,这一天,信佛的家庭家如有16岁以下孩子的,也要"烧金"。不过,供祭品中,没有了纸亭、纸轿、七娘妈座等,供品有三牲米鸡(糕做的猪头、鸡等),还有米面(这是九月九特别需要的,七月七祭拜时则不用米面)等,因为九月九是妈祖升天日,所以,也有祈求妈祖保佑的意思。

为保护传统民俗文化,2006年,石塘小人节被列入第一批台州市非物质文化遗产代表作名录。2008年6月,小人节纸亭制作工艺传承人石塘镇东兴村骆业生和东湖村陈筱祥被列入第一批温岭市非物质文化遗产项目代表性传承人推荐名单。陈其才则为国家级非物质文化遗产传承人。温岭市还在箬山小学、石塘小学等地设立陈列室、传承基地,以更好地传承七夕习俗。

[贰]温岭、石塘的地理环境

温岭市地处浙江东南沿海长三角地区的南翼,三面临海,东濒东海,南连玉环,西临乐清及乐清湾,北接台州市路桥区,是台州市所辖县级市,境内石塘镇为中国大陆新千年第一缕阳光照耀地。温岭的地理坐标:东经121° 09′ 50″ —121° 44′ 0″,北纬28° 12′ 45″ —

28° 32′ 02″，是一座滨海城市。

温岭全市陆域面积926平方千米，海域面积1079平方千米，大小岛屿170个，海岸线长317千米；下辖5个街道11个镇，97个社区，830个行政村，户籍人口120多万人（统计至2013年末）。

温岭原名太平县，明成化五年前，现县境属于黄岩县、乐清县所辖，《嘉庆太平县志》称之为"固台、温二郡地"。

明邑人叶良佩总纂的现存最早一部太平县志《嘉靖太平县志》卷一《舆地志上》记载："太平故黄岩县南壤，其在《禹贡》为扬州之域，荒服之地。自夏小康封庶子无余于会稽，号为於越，而此地在其南鄙。历商至周，皆属於越。战国时，越为楚所并，乃遂属楚。秦

妈祖出巡

灭楚,郡县天下,为闽中郡。汉兴,立闽君摇为王,置东瓯国。建元三年,闽越围东瓯,武帝遣兵往救之,东瓯王乃举国徙江淮间,以其地为回浦县,属会稽郡,为东部都尉。光武时,改回浦为章安县。永建四年,析县之东瓯乡置永宁县。三国吴以会稽东部立临海郡,永宁遂属临海郡。梁改为赤城郡,寻复为临海县。唐武德间,以临海县置台州。武后天授元年,改永宁为黄岩。宋因之。元改台州为台州路,升黄岩为州。国朝洪武初,改路为府,黄岩仍为县。成化五年,阮知府勤奏析黄岩南三乡、管都二十一置太平县,治太平乡。乡有太平岩,故以名乡,后遂为县名。十二年,袁知县道又奏析温之乐清下山凡六都以附益之,属台州府,隶浙江东道。"

温岭新城风光

太平縣志卷之一

地輿志上

地輿志何志職方也夫旣有方矣斯有沿革彊
境斯有分野斯有山川然凡職之者之爲也是
故聚斯有坊市宣斯有鄉畬之斯之斯有津梁利
之斯有水利風焉以風習焉以俗斯有風俗乃
次第叙之作地輿志第一

沿革

太平故黃巖縣南壤其在禹首爲楊州之域荒服

太平縣志卷之一

海縣置台州武后天授元年改求寧爲蕃巖宋因
之元改台州爲台州路附蕃巖爲州
國朝洪武初改路爲府蕃巖仍爲縣成化五年阮
知府勤奏析蕃巖南三鄉管都二十一置太平
縣治太平鄉郷鄉太平蕃巖故以十二年袤知縣
又奏析溫之樂淸下山凡六都以附益之屬台
州府隷浙江東道

疆境

縣治在府城南一百五十里縣境介於台溫之間

　　《明史》卷四十四载："太平，府东南，成化五年十二月，以黄岩县之太平乡置，析乐清地益之，南有大雷山，西北有玉成山，西南有灵山与玉环山接，东南滨海曰大闾洋，中有松门、石塘、大陈等山……"

　　《万历黄岩县志》载："成化五年，知府阮勤，以地迥难治，奏请析县南三乡分置太平县。"

　　实际上，查阅更详细的史料可知，成化五年十二月，从黄岩县析出的三乡二十一都地，实际上是太平、繁昌、方岩三个乡再加上灵山乡一个都（即原黄岩县五十都）。《万历黄岩县志·坊市乡都》中是这样记载的："按：宋元州县，皆置乡里，乡各有都，都各有保。我国朝疆理天下，去保立都，而则壤定税，因乡，以殊其制。成化五年，割太平、繁昌、方岩等乡，自三十都至五十都，凡二十一都，置太平县。黄岩邑以图计者七十九而已。"

而现市名"温岭"这一地名，南宋《嘉定赤城志》卷之二十中就有记载："峤岭山，在县南九十里，俗称温岭，有东西两峰，东大西小，故有大、小岭之名，岭与乐清分界。"清代太平县泽库（今温岭泽国）人进士戚学标在其所著《鹤泉文钞续选》中有一篇《临海峤考》，考证谢灵运《登临海峤初发疆中作》之"临海峤"，就是峤岭。

《嘉靖太平县志》载："峤山一名温岭，在县西十里，有东西两峰，东大西小，故有大岭、小岭。《方舆胜览》云，其地常燠少寒，故名温岭。路通乐清及江下海道，有市有街，宋时有温岭驿，今废。"

民国三年（1914年），因全国各地同为"太平"县名的地方共有五处，包括安徽、四

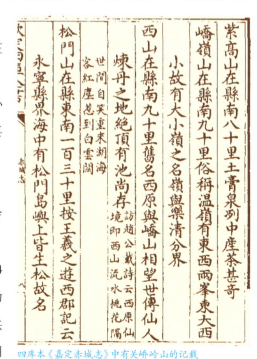

四库本《嘉定赤城志》中有关峤岭山的记载

川、山西、江苏、浙江，所以除安徽太平县保留原名外，其他四个太平县都改了名，浙江太平县"县西十里有温岭，为温台交界之点，拟即定名温岭县"。

石塘镇，地处台州湾南端温岭市东南松（松门）石（石塘）半岛，东、南、西三面临海，北邻松门镇，离温岭市区20公里。石塘是浙江省温岭市的16个镇（街道）之一，2001年由原石塘、箬山、钓浜三镇合并而成。行政区域面积28.47平方千米，海岸线长达58.6千米，辖58个行政村(其中纯渔业村56个)，常住人口7.3万，全镇人口密集，每平方千米达2350人。

石塘镇属中亚热带季风气候区，四季分明，冬温夏凉，雨量充沛，阳光适宜，无霜期长。平均气温17.1℃，一月平均气温6.3℃，八月平均气温为28.1℃。常年主导风向为东北偏北风。年平均降水量为1570毫米，年平均

《嘉靖太平县志》中有关石塘山的记载

无霜期258天，年平均雾日数56天，年日照量1840.5小时。夏末和秋季为台风雨期。

石塘镇是台风和热带风暴影响频繁区，灾害性气候主要是台风，其次是干旱、暴雨。石塘镇土壤主要以红壤为主，含盐量较高。

石塘镇是全国综合实力百强镇、全国著名渔业乡镇、浙江省渔业重镇，拥有各类船只1600多艘，常年水产品总量30万吨，拥有国家一级渔港——石塘渔港。石塘工业经济实力逐年提升，其中以水产加工、机械、电子、船舶修造为主导行业，呈现多元发展的良好态势。

石塘镇更是温岭的一张旅游金名片，素有"画中镇"之称。这里的石屋独具特色，以块石垒筑，依山傍海，高低错落有致，清代

石塘风光

诗人陈策三（即陈廷谔）的诗句"层层房屋鱼鳞叠，半住山腰半海滨"是其生动的写照，石屋、石街、石巷、石级，以融合天工之巧和人工之妙的特色闻名遐迩。20世纪80年代，前来写生的著名画家沈柔坚赞石塘为"中国的巴黎圣母院"（后称为"东方的巴黎圣母院"），意谓这里的石屋建筑像巴黎圣母院一样，是画家写生的必到之处。

石塘是新千年、新世纪中国大陆第一道曙光照耀地，近年制定了石塘半岛旅游开发规划，依托"阳光、沙滩、石屋、渔港"的资源特色，打响"阳光石塘"品牌，成功创建省旅游强镇，荣获首届"全国特色景观旅游名镇"、"中国十大特色名镇"等称号。

石塘狮子山摩崖石刻"石华海月"

[叁]别具一格的移民文化

石塘还以独特的闽南特色的民俗风情闻名于世。该镇南片、箬山片、苍岙片的居民多为闽南移民后裔,其祖先由福建泉州惠安等地迁移至此,日常生活中,仍保留了较多的闽南文化特色,如闽南风格的建筑、闽南方言、闽南特色的饮食习惯与民俗节日,如正月十五前后闹元宵扛台阁、三月廿三妈祖诞、七月七小人节、冬至等,都很有特色,石塘可说是一块闽南的"文化飞地"。

石塘镇还是"浙江省民间民族艺术之乡",大奏鼓、小人节、扛台阁、妈祖信仰、海洋剪纸、船模制作等非物质文化遗产资源非常丰富。

石塘旧名"石塘山",在南宋《嘉定赤城志》上就有"石塘"的地名。志中载:"石塘酒坊,在县东南一百里。"

一般人在说到石塘的得名时,常会引用《台州府志》"塘多泥筑,少石砌者。唯此塘独砌以石,故即以为全岛总称"。但是事实上,以石砌塘的,还是挺多的,不会是"唯此塘独砌以石",这种说法可能也是望文生义。倒是1985年中央电视台播出的《渔村小叙》中,也有一个关于石塘地名来历的说法可供参考,说是岛上有一个石头塘,相传七仙女在此塘中洗澡,人们因此将有这一石头水塘的岛称作石塘。而《石塘风情》一书作者陈其恩则提供了另一种说法,他说石塘外有一道横屿,如石头筑的塘,因以名之为石塘,可资参考。

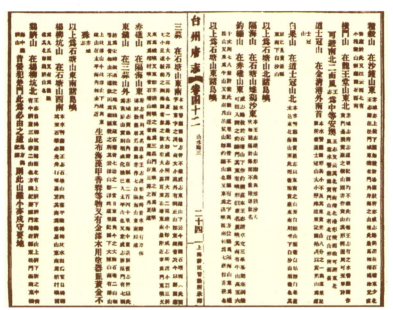

《台州府志》中有关石塘的记载

　　有关石塘的历史记载很少，宋末有陈仁玉抗元失败隐居石塘山之记载。陈仁玉(1212年—?)，字德公，一字德翁、德韬、德翰，号碧栖，仙居人。南宋开庆元年(1259年)赐同进士出身。自后一年之内，屡次迁升，九月为军器监丞兼国史实录院校勘、国史院编修官、实录院检讨官及崇政院说书，十月授礼部郎官，十一月改任直秘阁、浙东提刑，并兼知衢州。后历任浙东安抚使、兵部侍郎等职。南宋恭帝德祐二年（1276年），元军兵临宋都临安，太皇太后谢道清求和不成，只好抱着5岁的宋恭帝，带着南宋皇族出城跪迎，向元军统帅伯颜投

玉环坎门七月七祭拜（满16岁女孩），供品中有鱿鱼等海鲜及巧酥

降。谢太后昭告天下郡县降元，而时居台州郡城临海的陈仁玉却与权知州事的王珏，募兵死守，兵败城陷后遁入海，隐居黄岩石塘山，戒子孙世世勿仕元。据《金清陈氏族谱》记载："传三世至处士寿山公，守义不仕元。会至顺时日本不通贡，遣阿剌罕统舟师征之，遇飓风舟坏，弃师平壶岛，大掠海上，边民震慑，处士公由是迁金清居焉。"就是说，到陈仁玉孙子一辈时，才从石塘迁居金清。

元代时，今温岭、乐清境内置有松门、湖雾、温岭、石塘巡检司。明代时，石塘同样是海防前哨，由郑若曾辑、明嘉靖年间出版的

《筹海图编》是我国第一部全面论述海防的图籍，书中不仅绘制了东南沿海的大量山沙图，而且还编制了明代抗倭大捷考、遇难殉节考和海防经略等文字与图表，内容极为丰富。该书中收录了《浙江沿海山沙图》，其中与今温岭相关的有几幅，如在其中有一幅上，可以看到"松门卫"、"松门隘"、"松门寨"、"松门关"、"盘马烽堠"、"盘马隘"、"石塘港"、"虎坑"等地名。

而一幅古地图《郑和航海图》，则表明郑和的船队曾经过石塘山边。《郑和航海图》原题《自宝船厂开船从龙江关出水直抵外国诸番图》，后人嫌其太长，就改为前称。其中一幅展示的区域自象山檀头岛至温州洞头岛一带。图上有今属于温岭的"石塘"和"积谷山"岛（标注为"直谷"）。原图航线两侧注有许多文字，上侧系郑和去西洋的针路说明，下侧为回程，其中就提到了石塘："往——出水行船仔细，用辛午针。二更，船平檀头山，东边有江片礁，西边见大佛头山，平东西崎山，用丁午针。五更，船平羊琪及大陈三母黄礁，前见直谷山，用丁未针。二更，船平石塘山，用丁未针。三更，船平狭山外过，用坤未针。二更，船取黄山，打水十七八托，平中界山。"

《清史稿》（志·卷六十五·志四十·地理志十二·浙江）中，也有石塘、箬山的有关记载，书上称："石塘山（在县东南六十里海岛中，旧属黄岩之六十六都。国初以倭寇屡犯境，徙其民腹里，遂墟其地。有西岙、后岙、茗岙、蒲屿、大小姑岭、杜岙、西砂、新岙、大岙、慈

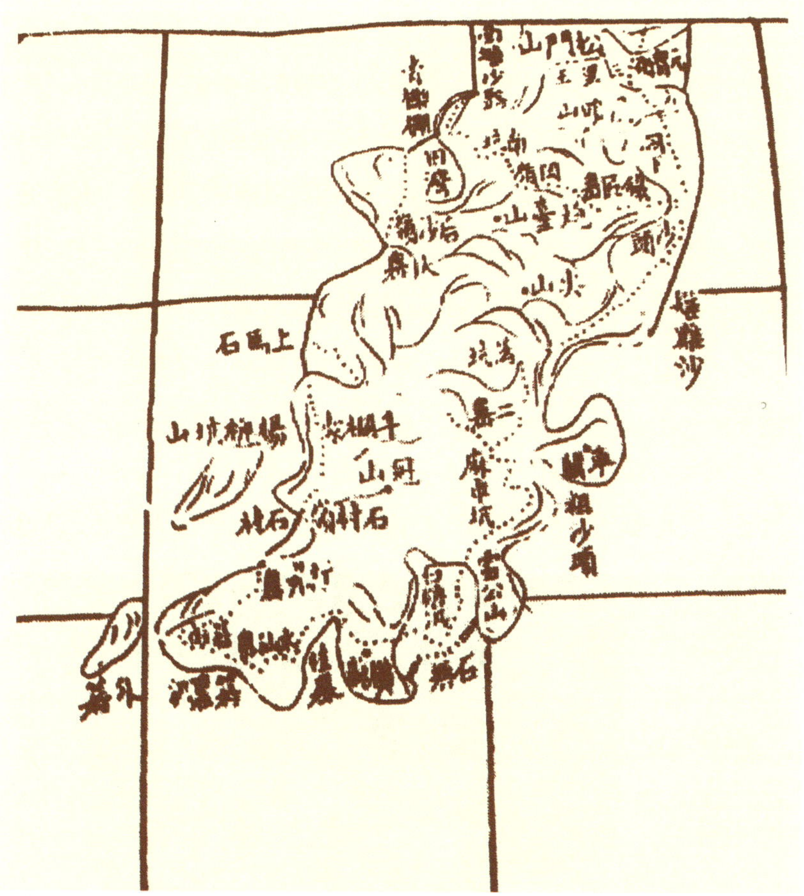

清代石塘地图

岙、大小田湾、磊石、大小茭城，总曰石塘。”“有蒲岐、温岭二镇。松门巡司。凤尾、盘马、沙角、寺前镇、石塘、金清、箬里有汛。”从古地图上看，这里的“箬里”就在今天的箬山。

　　箬山的名字来历，也有好几种说法。一说这里过去盛产箬竹，而箬竹叶是温岭人包粽子用的，《温岭大奏鼓》一书说，虽然现在（箬山）不大看得到箬竹了，但的确有支持这一说法的证据，因为胜海村的山坡上有一处小地名就叫"竹仔"，据说以前这里曾有一大片箬竹。还有一种说法，箬山的山层层包裹，像箬竹叶包裹东西一样。里箬村陈和隆旧宅中的《陈氏小园记》所载："有山焉，层层包裹，故曰箬。又分内外两层，故曰外箬、里箬。"外箬包括今天的东海村、胜海村。

　　有关石塘的闽南移民历史记载，最早可追溯到明代正统年间。《太平光绪续志》卷二《祠祀》记载："天后宫，在石塘桂岙，以地

玉环坎门七月七祭拜（满16岁男孩）

多桂花,故名。明正统二年(1437年),闽人陈姓始居此。其后居民日众,始建小庙以祀天妃。万历中重建大庙,改塑大像。至国朝,加封天后。乾隆中重修后宫。道光庚寅复建前宫。光绪中,郭占鳌及子秀芳相继重建。"桂岙属于原石塘镇,与箬山相邻。这说明,至少在五百多年前,闽南陈姓族人就移民桂岙了。而先建小庙,后至万历中重建大庙,说明当时的居民已相当多了。

至明末,郑成功航行海上。据李一、周琦主编的《台州文化概论》一书记载:顺治二年(1645年),清军占领北京以后的第二年,明朝的福王朱由崧在南京建立了南明小朝廷,鲁王朱以海奉命驻守台州。这一年六月,清军占领杭州,派使者到台州招降,临海知县吴廷猷杀了使者;与前职方郎中、临海人陈函辉等拥鲁王监国。浙东各地纷起响应,台州一度成为浙东抗清势力的政治中心。鲁王移驻绍兴后,台州仍是输送粮饷和提供兵源的重要基地。三年六月,清军渡过钱塘江,鲁王回台州,入海去福建。清军占领台州时,明朝的御史洪履祥、都督张廷绶、指挥李唐禧等阵亡,尚书陈函辉自杀。但是,台州的抗清斗争仍然如火如荼。

尽管清政府奉行高压政策,但东南沿海人民仍然不顾生命安危在物资上支持郑成功政权。沙埕港外,福鼎秦屿、霞浦三沙、牙城、福安下白石等地方都是著名的走私港口。清廷多次遣人前去招降,均遭郑成功的断然拒绝。清顺治十二年(1655年),顺治皇帝同意兵部复议浙闽总督奏"沿海省份应立严禁，无许片帆入海，违者立置重典"的建议，实施禁海令。

顺治十三年（1656年）六月，清廷发布了《申严海禁敕谕》，规定北自天津南至广东沿海岸线各省，严格禁止商民船只私自入海，用大陆产品货物进行海上贸易。有违反禁令者，无论军民，一律斩首；负责执行该禁令的文武官员有失职者，从重治罪。清廷采取禁海措施的目的是通过断绝海上贸易往来，阻塞大陆物资的出海渠道，使郑氏失去大陆货源和军品供应。

但禁海令实施数年，收效甚微。郑氏从沿海地区筹集到大量粮饷，并得到沿海居民的支持，"粮、饷、油、铁、桅船之物，靡不接济"。海内外的经济、政治联系并未被彻底切断，物资流动仍在隐蔽地进行。

清政府后来又曾颁布《严禁通海敕谕》，内容略云："郑成功盘踞海徼有年，以波涛为巢穴，无用土物力可以资生。一切需用粮米铁木物料，皆系陆地所产，若无奸民交通商贩潜为资助，则逆贼坐困可待。向因滨海各奸民商贩暗与交通，互相贸易，将内地各项物料供送逆贼，故严立通海之禁，久经遍行晓谕。近闻海逆郑成功部下洪姓贼徒，身附逆贼，于福建沙埕等处滨海地方立有贸易生理，内地商民作奸射利，与为互市，凡杉桅、桐油、铁器、硝黄、湖丝、绸绫、粮米一切应用之物，俱恣行贩卖，供送海逆。海逆郑成功贼党于滨海各地方，私通商船，如此类者，实繁有徒。"

为镇压沿海一带的抗清活动，顺治十八年（1661年）十月，清王朝派户部尚书苏纳海到台州，强迫临海、黄岩、太平（今温岭）、宁海等县沿海30里之内的居民全部迁到内地，又两次下达迁海令，将"山东、江、浙、闽、广滨海民迁入内地，设界防地，片板不许下水，粒货不许越疆"，使广大沿海地区成了人为制造的"无人区"，企图断绝大陆人民与台湾郑成功的联系，禁止沿海居民出海经商贸易。石塘就与松门寨同时遭迁弃。直到康熙二十二年（1683年），海禁才告解除，二十四年郑氏降，海疆复安。

陈其寅编著《琅玕陈氏族谱》中有这样的记载："又忆海禁解除之初（1683年左右），还家无屋可住之族人，相率往台州石塘镇，从事渔捞生产。因一本之亲，讲自强而互助，至今约三百年，有里箬、外箬、董班岙、粟仓岙、贵岙诸聚落。世代操闽南乡音，示不忘本。"

箬山里箬村陈和隆旧宅大门口镌刻着一幅青石门联："旧德溯东湖俭勤世守，新支衍箬屿义礼家传。"这副门联指的是里箬陈氏祖先系福建泉州东园镇东湖村一带迁至箬山，"新支衍箬屿"指琅玕陈氏子孙后代在箬山的打兯岙、里箬、外箬一带繁衍。

建筑也证明了移民历史。温岭市文保中心主任张淑凝等曾对石塘石屋保存情况作了调查，在调查中发现，清以前的石屋能保存下来的微乎其微。"因此目前我们调查到的最早的石屋大约距今为200—

300年，这与清康熙解除海禁，闽人第二次大规模迁徙至石塘的时间相吻合。康熙二十三年(1684年)，清军平定台湾以后，全面解除海禁，展复迁界。许多外迁的惠安陈氏族人回到故土时已无屋可居，于是结伴出海大规模迁来他们曾经熟悉的石塘。""与陈氏移民同来的还有郭、庄、胡、黄等

《琅玕陈氏族谱》有关迁徙箬山的记载

姓渔民，石塘迎来了新的生力军和建设者，石屋开始大量地建成而留存至今。"

除了陈姓外，在石塘、箬山生活的渔民，还有郭姓和庄姓，以及林、吴、胡、郑、黄、曾、万、徐等，皆为闽南人后裔。但也有少量为台州人后裔，如箬山鹿头咀(水仙岙村)郏姓，祖籍黄岩，还有一些是内地来此从事手工业、商业的。

闽南移民定居石塘、箬山，自然而然地带来了原居住地的生产、

生活习俗，带来了七月七小人节等具有闽南文化基因的民俗节日。再加上石塘、箬山很长时间是海中岛屿（温岭人称之为"海山"，《光绪太平续志》称："箬山、石塘，又离松门十余里，孤悬海中，杂以闽人，言语侏离……"），交通不便，至清嘉庆九年（1804年），松门娘娘宫的和尚和当地绅士商议，为解决松门、石塘两地需渡海而至、潮退不得归的交通不便问题，才从南闸至南塘头，铺了一条五六里长的砂路。《光绪太平续志》卷二载："避潮台在松门南五里许。同治十三年，知县唐济建。初，海山之赴松城者，随潮汐泛海而至，潮落辄不得归。嘉庆九年，娘娘宫浮屠与松之绅士谋，起南闸讫南塘头凡五六里，运砂石铺涂上以利行人，名曰砂路。然路多潮泥，可跣行不可履綦。同治甲戌，唐令济谕绅士筹修，叠石高尺余，甃以石板，始成坦途。复于路北筑避潮台，行人至此而潮涨路没，则登台避焉。置南洋田十四亩，拨蚶田钱三十六千，资以岁修，行旅便之。"就是说，同治十三年（1874年），当时的太平县知县唐济在旧砂路上，叫人叠石尺余，并在上面铺上石板，筑了避潮台，方便行人通行，这样，从石塘、箬山等地到松门才方便了许多。

据《温岭县交通志》，从温岭通往石塘的主要公路林石线，1956年由县里实行民办公助，由有关区、乡组成民工大队，分段包干，建筑城南坑洋至松门段24千米，是年3月动工，10月1日建成通车；1959年10月续建松门至上马段8千米；1962年松门区自筹资金、县资助材料，延伸至石塘4.6千米。直至1963年才能从温岭城关坐车到石塘。而全长4.5千米的上箬公路（从上马到箬山），直至1978年11月1日才建成通车，箬山人民告别了外出需翻山越岭、世代不通公路的历史。

箬山当地民间诗人黄昭隆在1979年写了四首绝句《箬山通车喜赋》："牛岭逶迤海陆间，石梯千级苦登攀。而今不走崎岖路，且向康庄任往还。""破土兴工计日程，两经寒暑功告成。劈山填海艰难甚，曲折沿江一线平。""新楼旁路接沙滩，绿水青山迎面看。最是连年生产好，渔村顿觉天地宽。""喜见通车到海滨，箬山面貌焕然新。城乡往返更称便，从此天涯若比邻。"

诗中的牛岭指箬山通往上马的一条山岭，俗称"牛栏轧岭"（也有写为牛栏隔岭、牛栏闩岭、牛栏梗岭的，此处从林煜才先生之写法）。而上马通往石塘过去也有一条必经之路叫麻车坑。过去，七月七这天，箬山、石塘两地居民过小人节的家庭邀请家中没有16岁以下孩子和家居无此风俗地区（如上马、松门）的亲戚朋友一起吃喝过节，在两地还没有通车之前，这一天，通过这两条山路到箬山、石塘过小人节赴宴的客人络绎不绝。

由于石塘、箬山过去交通不便，所以受外界影响较少，所以像小人节之类的闽南习俗得以代代相传，传承至今。

石塘、箬山闽南移民后裔为何重视小人节？小人节产生的精神根源是什么? 这个应当与石塘、箬山独特的自然与人文环境相关。石塘、箬山人背靠石山、世居石屋, 在这里, 几乎无地可耕, 很少的地只能用来种一些甘薯等经济作物。过去, 人们大部分都要靠海吃海, 向海里讨生活, 当地人俗称为"讨海"。当时生产力低下, 没有钢质渔轮, 海上风浪险恶, 渔民要长期与狂风恶浪搏斗, 还有海盗为害, 恶劣的自然、人文环境造成了渔民独特的性格, 他们生性豪迈、强悍、机敏, 他们在船上生活时, 具有严格的组织纪律性。但是海损事件不可避免地会发生, 因此, 渔民在海上作业, 其妻子在后方悬望, 是常见的事, 特别是海上风暴起时, 更让人担心, 如有一首传统的渔村民谣是这样唱的:"南风转北风, 心肝翼翼动, 忙上岩头望老公, 眼泪哭干眼哭肿! "(另有记录版本为:"南风转北风, 心肝曳曳动, 爬上岩头望老公, 肚肠寸断眼哭肿。")在箬山里箬村, 有一种渔村舞蹈叫大奏鼓, 原名"车鼓亭", 是温岭市唯一被收入《中国民族民间舞蹈集成·浙江卷》一书的渔村传统舞蹈。据传这是明代福建惠安渔民迁居石塘镇箬山时传入的。表演中, 由十几个渔家汉子身穿类似戏曲中的媒婆服饰, 手持小锣、铙钹、木鱼等, 且敲且舞, 伴以锣鼓、唢呐, 舞姿热烈粗犷, 幽默诙谐, 具有浓郁的温岭渔家特色。这种舞蹈形象地展现了渔家女在海滩上欢庆渔民打鱼归来的场景。

正因为在海上生存具有较大的风险性, 渔民特别重视平安, 流行在渔区的妈祖信仰，则是渔民祈求平安心态的体现。在石塘、箬山，有桂岙天后宫、东海天后宫、海滨天后宫、粗沙头天后宫等多个天后宫，香火旺盛，特别是农历三月廿三的妈祖诞辰，担着祭礼前来祭拜的渔家妇女络绎不绝。"生旦净丑敖广献鱼祝丰收，笙箫鼓乐石塘妈祖庆寿诞"，那时，几乎每家妈祖庙都要请来戏班演戏，庆祝妈祖寿诞，祈求渔业丰收。

而在海上遇到海损事故，渔民会奋勇投入抢救，海上捞到的浮尸，渔民称之为"元宝"，见到"元宝"，渔民就得"捡"回来，还要用白布包好，并出资择地安葬，并且在清明节时，为其扫墓。

因为过去生活条件差，医疗卫生条件差，儿童自然死亡率较高，

温州洞头七夕民间祭拜（洞头县文化广电新闻出版局供图）

彩亭中的观世音版画像　　　　彩亭中的七娘夫人版画像

为了能让孩子健康成长（对于渔民家庭来说，多子多福，能在成年之前平安成长，是每家每户所希望的），渔民家庭特别重视祈求神灵。这样，主要负责少年儿童成长的七娘夫人，理所当然地受到渔民的顶礼膜拜。这种习俗代代相传，信仰非常坚定，即便在"文化大革命"期间受到冲击，渔民们仍是坚持不懈地传承着这古老的习俗。

闽南人又是如何过七月七的呢？为了一探源头，2014年7月31日至8月3日，笔者专程赴泉州探访了当地的"七娘妈生"习俗。

7月31日晚，动车抵达泉州高铁车站后，笔者进城在丰泽区一家蟳埔特色小吃店吃晚饭，看到店内墙上有蟳埔特色的民居"蚵壳厝"的照片。店主黄先生介绍说，他们那里非常值得一去。手机上网百度了一下，知蟳埔居住的是古时阿拉伯人后裔，虽历代与当地汉族人通婚，但中亚遗风尚存，蟳埔女的头饰"戴簪花圈，插象牙筷"，非常有特色。蟳埔女和惠安女、湄州女并称福建三大渔女。在渔村，应当有比较传统的民俗可看，当即决定第二天到蟳埔看看。

第二天即是农历七月初六，早起打的去了丰泽区东海街道蟳埔村，村里的民居新的多为砖石结构，门楣上写着"紫云衍派"（黄姓）、"颍川衍派"（陈姓）等表示主人姓氏的字。在村里转悠时，看到不少地方倒着蛎壳垃圾，也看到了别具特色的蚵壳厝，墙体是用粗大的蚵壳（即蛎壳）建造的。只是这种特大的蚵壳，并非当地产的蛎壳。因为蟳埔是泉州海上丝绸之路起点的重要港口，古时，大部分载满丝绸、瓷器的商船从蟳埔起航，沿着闽南沿海航行到南洋，经印度洋、非洲东岸，然后再到北岸卸货。返航时，如舱内不载货就会形成空船重心不稳不利于航行，于是船员就将散落在海边的蚵壳装在船上压舱，载回后堆放在蟳埔海边，成了蟳埔人独特的建筑材料。笔者在村中看了蟳埔顺济宫和关帝庙。在一处陈氏宗第前，看到一幢古老的"蚵壳厝"，不过，已成危房，连屋顶都塌漏了，蚵壳墙也倒塌了不少。

在蟳埔村的街上，笔者感受到了浓浓的七夕节前的气氛。在一家宗教文化用品店内，笔者看到了当地人祭祀必用的七娘妈轿、七娘妈亭和七娘妈神灯等。七娘妈轿是七顶纸扎小轿串成一串的，每顶轿都用黑色蜡光纸糊轿顶，顶上还有红纸剪的葫芦顶；七娘妈亭由竹、纸等糊制而成，造型与温岭的七月七彩亭不同，有大小两种规格，大的有一米多高，亭上还贴有印着七娘夫人像的彩纸等；七娘神灯则是上写有"七娘神灯"四字的长圆形红灯笼。

在街边的摊位上，笔者看到了有出售七月七祭祀用的粽子摊位。摊主将粽子串成一串（7只一串）出售。在菜场里，笔者也见到了摆卖七娘妈轿、七娘妈亭的，亭的糊法与上一家的不同，不知是否因为糊制者不同之故。在一家现场宰杀公鸡的摊位前，三四人正忙着杀鸡。宰杀、浸入开水、拔毛（仅留尾巴上的一撮鸡毛）、开膛破肚，最后将公鸡的头、双翅、两脚捆在一起，装袋等候顾客购买。这样杀好的公鸡，据说1岁和16岁的孩子家在过七月七时都用得着，因此，这摊的生意非常好。

此外，还看到了蟳埔女担着或用三轮车载着七月七祭品，除上述几种外，还有摆祭的鲜花，包括圆仔花（花有紫色和白色的圆球状花，即千日红）、菊花，以及糖粿（有红色的、白色的，糯米搓制而成，每个中间有用手按成的小凹，一说是盛织女的眼泪，另一说是像酒窝，祝愿牛郎织女相会时笑容满面，并希望孩子脸上也有酒窝），还有金花。

当天下午，笔者又去了中国闽台缘博物馆和泉州博物馆，在两

蟳埔人七月初六在购买圆子、花等供品

蟳埔街上在售的七娘妈亭

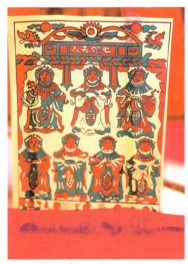

蟳埔七娘妈亭中的七娘夫人像

馆中，都见到了七娘妈轿和七娘妈亭的模型，造型与在蟳埔村所见到的相同。8月3日下午，笔者在泉州城内中山南路邂逅金传胪糊纸作坊的陈明华。据他介绍，中国闽台缘博物馆里的七娘妈亭是他糊制的，想来泉州城内的七娘亭也与蟳埔村一样的造型。

8月2日是七月七，笔者先后走进惠安县崇武古城和崇武镇大岞村。崇武古城是明洪武二十年（1387年）江夏侯周德兴经略海防时为抵御倭寇所建的，1988年被国务院列为第三批国家重点文物保护单位。古城里有靖江村、海门村、潮乐村等村居民居住。城里房屋之间间隔很小，另一个印象是庙宇、祠堂很多。

在城内行走时，笔者偶然发现一位穿着惠安女传统服装的老年妇女，手提一只七娘妈亭走过来。经她指点，我找到了纸亭糊制

崇武古城内惠安女在购七娘妈亭

人——58岁的陈女士。

陈女士告诉笔者，其叔父和哥哥陈大平都曾是糊亭人，叔父若是活到现在有102岁了。其哥哥42岁时就去世了，活着的话也有69岁了。陈女士的手艺是跟着哥哥学的，哥哥去世后，她就接着糊纸亭，一晃有二十多年了。

崇武古城内的七娘妈亭与蟳埔村所见的不一样，但与温岭箬山、石塘一带相似。当然，细究起来也是不一样的。明显的区别是崇武古城内的七娘妈亭上，装饰着七个纸人，分别骑马或跨凤，这应当是七娘夫人吧。另外，彩亭中的后壁上，还有七娘夫人的泥偶头像。

泉州中国闽台缘博物馆里的七娘亭、七娘轿

据陈女士介绍，这七娘妈亭还有做工精细一点的，其中中间的"马"是纸折的，不是印上去的。不过，这些彩亭，价格都不超过50元。

崇武古城16岁的小孩过七月七，除了纸亭外，还有花盆和花斗，花盆和花斗中的花，都是绢纸做的。上面还装饰着一男一女两个泥偶，表示男耕女织的意思。花盆中和花斗中，还都

"挖"有一口井，打水用的"水桶"也是用纸做的，花盆与花斗的区别，只在于花斗底部是半圆形的，花盆底部则是整圆形的。女孩子用花盆，男孩子用花斗。人们在请花斗或花盆时，要用事先带来的红布蒙住花斗或花盆，这样才可带回家。

一位前来购买七娘妈亭的张先生告诉笔者，在崇武，男、女孩子到16岁时，家长都要给他们买两个亭（其中一个是精细一点的），另外，还要买花盆或花斗。一般都是在七月七之前就买来放在家里，点上香炉，早晚点香祈愿。这与温岭箬山、石塘一带的风俗相同。

据张先生介绍，在惠安的其他地方，像东岭镇、涂寨镇，当地的七月七风俗，与崇武的又有不同，那边是三年烧一次亭的，也就是说一个亭用三年。而崇武则是一年烧一次亭，直到16岁孩子成年。

崇武城里七月七祭拜，都是在室内举行的，不像温岭的石塘、

崇武七娘妈亭上的泥偶头

崇武七娘妈亭上装饰的骑马泥偶

箸山，要将彩亭摆在供桌上，摆放在门外举行仪式。

随后，在靖江村，笔者非常幸运地观摩了三户人家的祭祀仪式，分别是16岁、1岁和3岁的小人节。其中16岁的这一户姓张，祭品摆了满满两桌，桌子上供着两只彩亭，亭前有煎饼、粽子(上有红色的剪纸)、鱼签、炒粉、煎豆腐、雄鸡、鱿鱼、鱼鲞、虾、索面(上点缀四朵芙蓉菊，据介绍，在闽南，它是一种可以辟邪的花草，即蕲艾，新娘结婚时头上也佩戴它)、蛋糕、菜花、果冻、鱼丸、芋头、鸡蛋、饮料等，据说做16岁，至少要16盆，亭上还挂有纸折的金元宝，亭前有两盏七娘妈灯，右边的七娘妈亭前，还有一个花斗，显示这一家16岁的是男孩子。另外，还有纸糊的"平安关"(就是用红纸做了一扇门)等，

崇武人在买七娘妈亭

祈望孩子平安过关。另外，还有敬献给七娘夫人的化妆粉等物。

婆媳两人将满桌的祭品摆停当后，就上香了。其中还有一个环节：她们拿出了一条黑绢，将16根红色线穿在针上，再将穿好红线的针扎在黑绢上，将黑绢蒙挂在花斗上。这可能是穿针乞巧的遗风吧？在温岭，是看不到这一幕的。

笔者还看到这一家的儿媳妇在门外跪在地上分别向外和向内跪拜，最后，用放在桌上的杯筊（打卦用的）打卦。据介绍，这是在与七娘夫人对话，询问是否可以烧掉七娘妈亭（在崇武大岞村，笔者看到16岁孩子家祭拜后，经打卦求卜，最后只烧掉一个亭，留下一个亭第二年再烧的）。

祭拜结束后，女主人拿来了一口铁镬，将两只纸亭和花斗都放在铁镬中烧，烧时还加了金纸，烧好后，用火钳夹出几个泥偶头，放在红纸包着的化妆粉等物的包中，然后一次次向屋顶上抛，直到抛到屋顶上为止。全部仪式结束后，女主人点燃鞭炮，宣告仪式全部结束，收拾好各种祭品回家（祭品是从另一住处挑过来的）。这些程式都与温岭箬山、石塘一带一模一样。

邻家1岁的孩子叫汪鑫宇，为他主持祭拜七娘妈仪式的是他的太婆郑甘。与做16岁的那一户相比，少了花斗等，自然也没有穿针这一环节了，祭拜的供品也只有一桌。在仪式结束后，也同样是卜卦询问七娘妈烧不烧亭，最后也是将烧后的泥偶头与花粉等抛在屋顶

崇武古城靖江村七月七的穿针乞巧仪式

瓦上。

当天下午，笔者在崇武大岞村也观摩了几户人家过七娘妈生的过程。其中张培昆的儿子张煜凯1岁，张培昆的母亲为孙子张煜凯主持祭拜仪式，笔者到达现场时，已烧了一只彩亭，另一个彩亭，则要到第二年再烧。

张培昆曾多次到过温岭松门，他告诉笔者，大岞村是崇武镇里人口最多的一个村，有13000多人，以惠安女出名，有岞山八景，村里有20多个姓的祠堂，村民以张姓、蒋姓、苏姓、杨姓等为多，该村有发展旅游的潜力。他的邻居张伟彬今年16岁，也正在过七娘妈生。那里的七夕习俗与崇武古城内的有点类似，只是过16岁时，只要12

盆供品就够了，1岁和16岁过七月七，都要有红粿和红包（就是红馒头），还要有雄鸡头。

在大岞，孩子16岁了，意味着长大成人了，在七月七前，都要办酒请客，一般多安排在三四月请亲友（主要是同姓的本宗族人、亲戚、父母亲和祖父母的朋友等），除了摆酒席请客外，还要向前来参加祝贺的亲友们送蛋糕、饮料等，因此，做一次16岁，花费四五万元、五六万元都是有的。

在大岞，笔者也观摩了几户不是1岁和16岁的孩子家做七娘妈生，桌子上摆放的供品就非常简单了，比温岭石塘、箬山的还要简单。

由于时间匆忙，此次泉州行，仅仅考察了泉州蟳埔和惠安崇武两地的七夕习俗，泉州其他地方的七夕习俗，无法实地考察。从考察情况来看，温岭石塘、箬山一带的小人节习俗，与惠安崇武的更接近，与温州洞头那边，也有亲缘关系。而七娘妈亭上插戏曲人物泥偶，则是石塘、箬山独有的。石塘、箬山的纸亭造型更精美，祭祀仪式也略有不同。这些地方的七夕习俗，可以说是同源异流，对于我们考察中国传统的七夕民俗，具有较大的研究价值。

石塘、箬山一带绝大部分的居民都是闽南移民后裔，因此，在岁时习俗、宗教信仰、语言、饮食习惯等方面，都还保留着鲜明的闽南文化特征。

如元宵节扛火镞（扛台阁）、三月廿三妈祖诞、清明节、冬至节，都与温岭其他地区的习俗有不同之处。七月七的七夕习俗，更是有明显的闽南文化特征，是闽南移民文化的一部分。如果将石塘七夕习俗放置在闽南文化的大背景下，我们不难发现，泉州七夕习俗（包括惠安、晋江等泉属县市区）与石塘七夕习俗、台湾台南七夕习俗、温州洞头七夕习俗、玉环坎门七夕习俗具有同源异流关系，石塘七

大岙村七月七的祭拜场面

夕习俗与其他闽南文化圈地域的七夕习俗,在祭拜对象、祭拜目的、祭拜仪式等方面,都具有同一性,但是具体的民俗事象,因为人文地理环境的不一样,又与其他地方有所差别,如祭祀用品纸亭制作上有差别、祭祀食品有差别,等等。

而从时间层面来考察,石塘七夕习俗是中国传统七夕文化的当代传承,是中国乞巧文化的"活化石",对于研究中国传统生育风俗、成年习俗等,具有重要的参考价值。

石塘、箬山七夕祭拜对象主要就是七娘夫人,也叫七娘妈、七星娘娘,这与泉州一带显然是一脉相承的,与其他闽南文化圈地域的七夕祭拜对象也是一样的。

《闽南乡土民俗》一书记载:"闽台大部分地方的闽南人认为七月初七是七娘妈生日。七娘妈是保佑孩子的神灵,织女是她们中的一位。"

《石狮民俗》(石狮市政协文史资料委员会编)一书认为,七娘妈即玉皇大帝的女儿(包括织女在内):"关于七娘妈的来历,民间有多种传说,但石狮一带民众认同的是牛郎织女故事中的七仙女。传说中的织女是玉皇大帝的第七个女儿,因私自下凡间与牛郎结为夫妻,触犯了天规,王母娘娘即派天兵天将将她捉拿上天,牛郎眼看夫妻被活活拆散,急忙用筐篮挑起一男一女两个孩子,在'神牛'的帮助下,追到了天庭。王母娘娘一看大怒,拔出插在头上的玉簪往下一划，天上立刻出现一条天河（亦称银河），将牛郎和织女阻隔在银河的东西两边，永难相见。百鸟之王凤凰同情牛郎织女的遭遇，召集天下喜鹊，在'七夕'搭成一条'鹊桥'，让牛郎织女夫妻母子在桥上相见。王母娘娘无奈才允许牛郎织女七日相见一次，喜鹊听了赶快飞来报喜，因为太激动竟将七日见一次面误报为七夕见一次面，王母娘娘也就将错就错，害得牛郎与织女每年七夕才有一次相见的机会。本地喜鹊俗称'客鸟'，所以民间中流传有一句'客鸟报错喜'的俗语。喜鹊为弥补自己的过失，每年七夕，都会飞去银河上搭鹊桥，将功补过。人们看到有些喜鹊头部无毛，都说是牛郎织女过鹊桥时踩踏而致秃顶的。"

李辉良编著的《南安掌故》称："南安民谚：'七月初七七娘生。'可见民间把农历七月初七界定为七仙女的诞辰。每年逢'七七'，南安民间为'七娘妈'圣诞举行祈祥活动，形成一种民俗信仰。但从崇拜仪式上看，又是以织女为崇拜的对象。"

《泉州市志》没有写清楚七娘妈是谁，只说是保佑少年儿童成长的女神："农历七月初七日，泉俗称'七娘生'。当天中午，备花粉、胭脂、果盒、糖粿、三牲、油香饭和各种菜肴，在厅前檐下供祀七娘妈(护佑少年儿童成长的女神)。"

《惠安县志》记载："农历七月初七，传说是晚牛郎、织女一年一度天河相会，是夜叫七夕。因织女手艺精巧，姑娘们傍晚在庭中摆上瓜果、清香、胭脂、水粉及针线等物, 乞求织女(是排行第七的天孙, 民间奉为'七娘妈')来传授精巧的手艺, 因此叫'乞巧节'。"

陈桂炳著的《泉州民俗文化》中说: "泉州民间关于七夕的传说有二: 一是牛郎织女的故事, 一是七仙女与董永'百日缘'的故事。但后来泉州人把这两个传说混为一谈, 说织女是天帝的第七个女儿, 并尊称为'七娘妈'。泉谚有云: '七月初七七娘生。'可见民间是把七月初七这天界定为七娘妈的诞辰, 是日要举行祈祥活动, 称'做七娘妈生'。据说天帝原旨意是允许织女七日一会牛郎, 但喜鹊"报错喜', 错传为一年一度即七月七日相会, 这是一个不能原谅的过失, 因此人们在七夕大清早把胭脂花粉用红髻索捆扎起来, 抛

七娘夫人属于育子司

上屋檐顶，责罚喜鹊衔送到天河边，让织女梳妆打扮，以会牛郎。牛郎会织女时，喜鹊会纷纷飞至天河上，为之搭桥，名曰'鹊桥'。人们说，七夕过后，喜鹊头部皆秃顶，就是因为牛郎牵牛过鹊桥时，牛蹄子践踏所致。是夕如下小雨，人们则谓这是牛郎、织女于分手之际，彼此依恋不舍，挥泪告别。泉州有关七夕的民间传说，极富人情味，牛郎织女这对恩爱夫妻，每年须至七夕时才得以一会，是个悲喜交集的日子，泉州人却把它演化为织女的诞辰，并举行相应的祈祥活动，这就大大地冲淡了'七夕'节原来所具有的悲伤气氛。泉州人还把原为天帝孙女的织女(故织女又称"天孙")的辈分提升一级，说成是天帝的第七个女儿，泉谚云：'父母疼尾仔。'这就缩短了天帝与织女之间的感情距离，而天帝为使女儿不因婚后而荒废生产，原意让她每七日与牛郎相会一次，尚不至于太绝情。喜鹊虽有报错喜的过失，但它那种将功补过，任劳任怨的精神，也确实令人感动。这些故事情节的安排，充分体现了泉州民俗文化中所蕴涵的'中庸'的儒家伦理思想，即处理事情不偏不倚，无过不及的态度。可见，泉州素来号称'海滨邹鲁'，并非溢美之言。"

陈垂成主编的《泉州习俗》一书称："传说中七娘妈是主管妇女幼童的，有送子、催生、养生、乳母、痘疹、眼光、蒙引等七位娘妈，会庇佑各家各户的小孩子顺利出生及茁壮成长。"

而在台湾呢？《宝岛台湾的民俗与旅游》记载："农历七月初

七,是我国民间传统的七夕节,俗称'乞巧节'。相传这一天是天上织女、牛郎'鹊桥'相会的日子。因此七夕节也叫'情人节'、'女儿节',是中国传统习俗中较富有浪漫色彩的节日。在台湾,'七夕节'又是七娘妈(七仙女)的诞辰日。台湾民间信仰认为,小孩在未满16岁以前,都是由天上的仙鸟——鸟母来照顾长大的。鸟母则是由七娘妈所托,因此七娘妈便被视为未成年孩子的保护神。"

陈小冲著的《台湾民间信仰》上说:"七娘妈,台湾民间又称七星娘娘、七仙姐、七仙姑,实际上就是北斗七星之神格化。北斗星是古代中国人最为熟悉的星座,有关它的神话和以其为原身的神明很多,如玄天上帝、文昌帝君等。这里的七娘妈则为女性,她们的传说同牛郎织女及七仙女与董永的故事一道,在台湾民间广泛流传。"

吴瀛涛《台湾民俗》一书称:"农历七月七日为七夕,俗以为七娘妈诞辰,称'七娘妈生'。又俗以七月为巧月,七夕又名'巧节'。相传,是夕,牛郎织女一年一次相会。""七娘妈为儿童之守护神。民间信仰此神,乃以为十六岁以下儿童,均受七娘妈之庇护。即于儿童周岁前后,往寺庙祈求七娘妈,或注生娘娘、观音妈、妈祖等,请神加护,而以古钱、银牌、锁牌,以红绒线串成,悬于儿童颈上。至成年,则于七娘妈生此日'脱绦',往寺庙,供拜面线、粽类,答谢多年来之加护。"

温州洞头,据当地文化人邱国鹰介绍,祭拜的是七仙女,口语中尊称为七星娘妈，文字上写作七星夫人。叶大兵《温州民俗大观》也称，在洞头，七夕傍晚要举行拜七星娘娘（传说中的七仙女）仪式。

玉环坎门镇，20世纪50年代前，当地闽南籍居民有"祀七姑"的风俗，在七夕之前要购置"七姑亭"（或称"七娘亭"），到七夕节当天午后祭拜后焚化。七姑即七仙女。

在温岭的石塘、箬山，当地人认为，七娘夫人就是七仙女，就是织女和她的姐妹们，七夕是织女和牛郎相会的日子。而糊亭艺人梁安奶则向笔者讲述了他听来的传说，他说，织女是六妹，六妹与董永相爱，生了个儿子叫董青，因为违反天条，六妹与董永父子分开了回到了天上。董青长大读书，与同学争起来，同学骂他"可惜你没娘"，董青就去问董永，又问教书先生，教书先生跟他说，某月某日，你娘必定下凡来，你看到路上有七个女人一起走路，其中第六个就是你娘，于是董青就与六妹相

台湾婴儿佩戴的七星娘妈银锁片

聚了。梁安奶说，七月七的纸亭，就是董青为纪念他娘而做的。

综上所述，在闽南文化里，七月七的祭拜对象七娘夫人（七星娘娘、七娘妈、七姑等），就是七仙女（即牛郎织女故事中的织女和其姐妹，或是七仙女与董永"百日缘"的故事中的七仙女），主角应当是织女，因为她有七姐妹，所以，在七月七这天，同时接受信众的祈拜。至于祭拜目的，在以上各地，也可以说是相同的。如在泉州，七娘夫人是泉州泉郡天后宫的辅神，掌管天后辅神廿四司之一的育子司，主管少年儿童成长。因此，人们在七月七祭拜七娘夫人，目的就是为了保佑16岁以下的孩子健康成长。

马书田《中国人的神灵》等书称，在民间，七星娘娘被奉为保护孩子平安和健康的神。古代医学技术不发达，孩童稚嫩，抵抗力差，常受各种疾病侵袭。为了确保孩子健康成长，人们将希望寄托在神明身上。七星娘娘作为护子的吉祥神之一，很受人们崇拜。孩童疾病缠身时，人们便去七星娘娘的神像面前跪拜祈祷，有的还让孩子认七星娘娘为"干妈"，想求得七星娘娘的保佑，使孩子平安无事。

在祭拜仪式上，泉州、台南、洞头、玉环坎门和温岭石塘、箬山等地，也有相似性，都要特别制作纸亭（轿等）。

当然，各地的纸亭、轿等造型略有不同，如泉州就有至少两种形式的纸亭，温州洞头的纸亭叫"七星亭"，台湾的闽南移民后裔"做十六岁"，除了丰富的供品外，还要准备一座事先定做的七娘妈亭,七娘妈亭是以竹片和彩纸扎、糊而成,有一层、两层和三层等种类,装饰繁复,色彩缤纷,外形呈塔状,亭内贴有一张七娘妈的神符,或用纸糊成七尊七娘妈像。

《温州览胜》记载:"在洞头,'七巧节'即'七夕'(农历七月初七)来临时,有16岁(虚岁)以下孩子的家庭都要买'七星亭'(用篾扎架子,彩纸糊上成楼阁状,中贴七仙女图案)。'七星亭'分平亭和圆亭两种,平亭是单层式的,而圆亭是两层以上,工艺讲究,式样美观,价格较高。"

洞头邱国鹰先生撰文谈到七星亭的形制时说,七星亭为"仿亭阁的剖面形状制作。先用细竹篾结扎亭的骨架,以各色彩纸糊贴;亭的窗格张贴镂刻的装饰图案,亭柱亭檐用彩笔描绘各色花卉;亭中贴有七仙女图像,亭额写'七星夫人'横批。七星亭的规格有两种:单层结构的叫扁亭,结扎工艺较为简单;双层或双层以上的称圆亭,制作精致,描绘生动。家中有16虚岁的孩子进行成人仪式时,一定要请圆亭,家境好的人家,还有让民间工艺师傅特制多层圆亭,最高达七层。家中孩子未满16虚岁,则根据经济条件,选请不同规格的七星亭"。而在石塘、箬山,是从没有最高达七层的纸亭的,洞头的这一个做法,倒是与泉州一些地方,如蟳埔相似。蟳埔当地有糊制多层纸亭,使得纸亭不能置于桌上,只能放在供桌边上的地上祭拜的。

在供祭品的数量方面，往往要突出"七"，陈垂成主编的《泉州习俗》一书中称，在敬祀七娘妈时，要备七种水果、七种花卉、七小碗糖粿、七色"甘味"（香菇、木耳、金针菜、松菰、腐皮、山东粉、花生），以及胭脂花粉七件、剪刀七把、燃香七炷、酒盅七个、筷子七双、小型纸轿七乘、内设七个座位的纸亭一座。

泉州《安溪县志》载："七巧节，农历七月初七，俗叫'七娘妈生'。乡间多称'七娘妈看顾小孩'，'牛郎织女相见'。民家备牲醴外，还要七小朵鲜花、七小块粉块，在厅口排桌供献，求佑小孩'好养饲'。"

在台湾，据《台湾传统生命礼俗及其变迁》一书记载，"做十六岁"祭拜"七娘妈"，要准备丰盛的供品，按照古代的礼节，敬奉给七娘妈的祭品是有一定的规矩的，一般是七碗麻油鸡酒、一盘面、四种水果、六色菜肴、七碗甜芋、红龟粿、两根保留尾部的甘蔗，以及五牲等，当然，香烛和金纸也是少不了的。有的地方祭拜的供品，还必须准备汤圆七碗，彰化鹿港地区还会在汤圆中间再压一个凹洞，据说象征牛郎、织女相会时，因团圆喜极而泣，凹洞是用来装他们眼泪的。在这里，七碗麻油鸡酒、七碗甜芋、七碗汤圆，无疑是因为七娘妈有七位而设的。

温岭石塘、箬山在祭拜七娘夫人时，也要求备酒盅七个，在点香时，第一遍要求点七支香，还有要准备七种鲜花、七色线等，在纸亭

（轿）中，贴有七娘夫人的版画一张。

在泉州，祭品有三牲（五牲）、五果、六斋之说，而在温岭石塘、箬山则称为三牲（五牲）、五果、六菜，意思差不多。

在洞头，如果适逢孩子是年16岁(虚岁)，则一定要买圆亭，并要杀一只公鸡，用来祭拜七仙女。祭拜的物品还有红圆、七朵鲜花、七条彩线等。

在祭拜时，要点香烛祈愿，点三遍香后，最后大多将纸亭（轿）等焚化。祭拜结束时，放鞭炮庆祝并昭告仪式结束。

但是，泉州七夕习俗（包括惠安、晋江等泉属县市区）与石塘、台湾台南、温州洞头等地的七夕习俗，又有一些差异。具体表现在以下一些方面：

纸亭的造型不同。同是在泉州，笔者就看到了两种不同的纸亭造型，惠安崇武的纸亭上，只有七娘夫人的七个泥偶，坐在白鹤和白马上，而不像温岭石塘、箬山一样，纸亭上边还插有《封神榜》、《西游记》等戏曲人物纸人（绢人），蟳埔的彩亭，造型与崇武的完全不同，上边没有七娘夫人的七个泥偶。

从外观来看，惠安崇武的纸亭与洞头的有些类似，而据温岭箬山糊亭艺人陈筱祥介绍，在他小时候，箬山的彩亭最上层的檐角不是翘起来的，也是和崇武等地一样的。

崇武的孩子在过16岁最后一个七月七时，还要配上花盆或花斗，这个好像是其他地方所没有的。

而从纸轿来说，泉州那边的七娘轿，是七顶纸轿串成一串的，蟳埔所见的纸轿，轿身以红色蜡光纸糊就，顶部糊以黑色蜡光纸，尖顶有一个红纸剪的葫芦头，而温岭石塘、箬山的纸轿，要比泉州的来得大一些，仅一顶而非七顶轿串连在一起，轿中还贴有七娘夫人版画，16岁的满金轿前（或中间），还有一个带着雨伞、包袱的成年女孩子。

在泉州，还有七夕在家里主卧室内挂七娘神灯的习俗，这盏七娘神灯，按传统的糊法，灯上还画有一个抱着孩子的妇女立于云端。悬挂七娘神灯此俗在温岭石塘、箬山则没有。

靖江村郑甘在为家中1岁孩童祭拜七娘妈

在祭拜的祭品方面，各地由于物产等的差异，也有不少差别，如泉州惠安崇武，祭品中就有鱼签这种当地的特色食品，这是石塘、箬山所无的。据惠安当地人介绍，鱼签的制作方法是这样的：以鳗鱼和狗母鱼等新鲜杂鱼为原料，去掉鱼的头尾，碾磨成糊状，加入淀粉和适当的食盐、水搅拌均匀，再放入锅中蒸熟，放置晾干后再搬至阳光下晒干，美味的鱼签便制作完成。鱼签可煮可炸，煮的原汁原味，炸的香酥可口。祭品中还有崇武鱼卷，它也是远近闻名的崇武特色小吃。据《惠安县志》介绍，主料精选鳗、狗母、马鲛等鲜鱼捣成鱼泥，边搅拌边加少量清水及精粉，然后加上油葱、姜末、荸荠和贴灶 (扁鱼)末或海米末，卷成条状，上蒸笼蒸熟便成。清炖、油炸均宜。

崇武古城内七月七前夕售胭脂花粉等物的摊

崇武古城内的花盆是圆形的

在台湾，祭拜"七娘妈"，敬奉的祭品，一般有七碗麻油鸡酒、一盘面、四种水果、六色菜肴、七碗甜芋、红龟粿、两根保留尾部的甘蔗，其中麻油鸡酒、甜芋、红龟粿、两根保留尾部的甘蔗等，都是石塘、箬山一带所无的。

而在洞头，巧人儿粿是当地的七月七祭拜的必备食品，据邱国鹰撰文介绍，它是一种印有各种人物、动物形状的红色粿饼，把糯米和粳米按比例掺和磨成粉，加入食用红粉和糖，搓揉均匀后，在木雕印模上印出图形，经蒸熟即可。木雕印模俗称"巧人儿印"，又叫"龟印"，选用硬质杂木削成，一般为40厘米长、20余厘米宽，厚约八九厘米，正反面和边侧雕有寿龟、状元郎、美少女以及鱼虾花卉等阴刻图案。这种食品，与石塘、箬山的糖龟制作方法有些类似，不同的是，它在制作过程中加入了食用红粉，因此，外观显出大红色来。在洞头，"除必备的七星亭和巧人儿粿，还需红龟、红圆各十六个，煮熟的公鸡一只。红龟的原料和做法同巧人儿粿，只是印出的图案是寿龟；红圆是以煮熟的糯米饭加花生、芝麻为馅，外裹红色糯米粉煮熟而成，是洞头在老人祝寿、婴孩满月、新屋上梁时都用到的吉祥吃食。至于公鸡，如果行成人仪式的孩子肖鸡，或是家庭经济条件差，可以用米鸡替代。"石塘、箬山仅在为16岁的男孩子过最后一个小人节时有公鸡，且从没有看到过以米鸡代替的。

玉环坎门的巧酥，送巧酥习俗可能源于温州

在玉环坎门，据《玉环坎门镇志》记载，在七夕前几天，民间有送"巧人"的俗礼。购买"织女"身形的巧酥糕点，馈送给外孙、外甥、内侄、义子等。"此送糕点之俗至今仍风行不衰。七夕晌午后，坎门居民中有一个吃米粉巧饼的习俗。"这种织女身形的巧酥糕点，现在石塘、箬山一带是没有的，且石塘、箬山一带过去在七夕前夕馈送的食品，是糯米圆。米粉巧饼，也与石塘、箬山的糖龟不一样。

在供七娘夫人的鲜花祭品方面，各地也各有特色，石塘、箬山这边，只是要七种鲜花，如南瓜花、紫薇花、凤仙花、木槿花等，最好是在树上或是人工栽培的花，须要洁净的鲜花。而在崇武城内看到，当地人供祭的花，多为芙蓉菊枝叶。芙蓉菊为菊科芙蓉属千年艾，主要分布于福建、广西、广东等省区。别名有老人花（潮汕）、芙蓉菊、玉芙蓉（汕头）、细叶芙蓉、火芙蓉、千年艾（南澳）、白芙蓉（泉州）、白艾（漳州、长泰）、芙蓉花（同安）等，在崇武当地民俗中，芙蓉菊为辟邪吉祥植物，也是当地妇女日常在头上佩戴的花，听说新婚时新娘也常在头上佩戴此花辟邪。

而在泉州蟳埔的集市上，笔者看到七夕节前，人们多购买菊花和圆仔花作为祭拜用的鲜花，其中圆仔花即千日红，石竹目苋科千日红属，又名百日红、火球花，这是一种热带和亚热带常见花卉，原产于美洲的巴西、巴拿马和危地马拉。我国长江以南普遍种植，也有半野生的。千日红为一年生直立草本，高约20—60厘米，全株有

面上有芙蓉菊（崇武靖江村）

白色硬长毛。花期7—10个月，花朵紫红色，排成顶生圆球形头状花序，非常娇艳。而在厦门的同安，祭拜的花必须是白色的芝麻花，用草结成一串，祭拜时放在纸做的七娘妈轿上。祭拜之后，家庭主妇们会把花撒到自家的房顶。同安民俗专家蒋大营说，白色芝麻花用草结成一串作为供品，象征诸事蒸蒸日上。

而2014年8月《厦门日报》有篇报道介绍了厦门旧俗，该报资深人文地理编辑卢志明从小生活在墙顶巷，那里地势较高，放眼望去有许多大厝屋顶，在他的记忆中，那时候，人们在七月七祭拜七娘妈，要采摘胭脂花，"胭脂花几乎都在七月初七开，花期只有半个月，

糖粿（有红色的、白色的，糯米搓制而成，每个粿中间有用手按成的小凹）

是一种紫色小花，门前屋后随处可见。老人们都采摘胭脂花供奉七娘妈，供上闽南特有的'漳州粉'，目的是为了让七娘妈打扮得漂漂亮亮去见牛郎。"卢志明说，这一天其实最高兴的是孩子，清早跟着大人摘胭脂花，花蕊抽出来往小嘴里一塞，就能尝到花蜜，祭拜完还能抢供品糖粿———一种糯米做的软粿，一元硬币大小，外形像压扁了的汤圆，放在竹叶上蒸熟，冷却后中间会凹陷，像笑起来的酒窝，寓意牛郎和织女会面时笑容满面，甜甜蜜蜜，但也有人说是给织女装离别眼泪的。

这里所说的胭脂花，实际上就是紫茉莉，因其结的籽像是地

蟳埔妇女在购圆子、花等祭品

雷，有些地方称之为地雷花，因其通常多在晚饭时分开花，温岭人叫它"夜饭红"。

在台湾，人们习惯用鸡冠花与千日红拜七娘妈。

各地祭拜所用的鲜花，也是与供祭的食品一样，是根据当地的特色而准备的。

在祭拜用品方面，泉州崇武等地，还要购买花粉，供七娘夫人打扮用，祭毕，还要扔到屋顶上。《闽南乡土民俗》一书记载："此外，还得把一部分脂粉、红纱线或丝线和七娘妈花扔到屋顶上，献给七娘妈。留下的脂粉给自家的女孩或妇女用，据说用供奉过七娘妈的脂粉打扮，能和七娘妈一样美丽。另外，人们也认为妇女用供奉过七娘妈的清水洗脸，皮肤会变得特别白嫩。"在台湾，供品中，还有一些女子用的化妆品，如鸡冠花、胭脂、化妆粉、镜子、扇子、红丝线等。而在温岭石塘、箬山，没有胭脂、花粉等供献。

总之，七月七祭拜七娘夫人，因为各地人文地理环境不一样，物产不一样，自然而然地形成了纸亭制作、祭祀所用食品等供祭品上的差别。但是，台南、石塘、箬山、坎门、洞头等闽南文化圈的闽南移民后裔，其习俗同是来源于闽南的泉州等地，则应当是确凿无疑的，当然，风俗在传播过程中，随着时间的流逝，也出现了一些流变的现象。而现在各地保存的七夕习俗，则为我们考察、研究闽南习俗提供了很好的样本。

二、传统纸扎与糊亭技艺

关于糊纸业的起源，据老艺人口口相传，源于唐太宗李世民游地府的传说。据说唐太宗李世民曾梦游地府，那些在阴间受苦的孤魂野鬼，都向他要求施舍，唐太宗『还阳』以后，就召集民间艺人用纸扎成人世上所用的各种东西焚化，从此就有了纸扎工艺。

二、传统纸扎与糊亭技艺

[壹]纸扎的由来和现状

纸是中国四大发明之一，它的诞生促进了汉民族文化的繁荣和发展。但根植于纸的纸扎艺术具体起源于何时，很难考证。

迄今发现最早的纸扎实物，是1973年在新疆维吾尔自治区吐鲁番阿斯塔那唐代古墓群中发掘的纸棺（图片收入文物出版社1975年版的《新疆出土文物》一书中）。棺体骨架用细木杆扎成，从前至后，有五道弧顶支撑作支架，再糊上废纸，外表为深红色。此棺长2.3米，前高0.87米，宽0.68米，后高0.5米，宽0.46米。纸棺糊制的废纸，大多是唐天宝十二年至十四年（753—755年）的庭西、西州一些驿馆的马料收支账单纸。而在泉州那边，关于糊纸业的起源，据老艺人口口相传，源于唐太宗李世民游地府的传说。据说唐太宗李世民曾梦游地府，那些在阴间受苦的孤魂野鬼，都向他要求施舍，唐太宗"还阳"以后，就召集民间艺人用纸扎成人世上所用的各种东西焚化，从此就有了纸扎工艺。

这一传说显然是无稽之谈，《泉州戏曲纸扎》一书的作者认为，唐宋时代，泉州是我国南方对外贸易的大商港，海运交通通畅，

温岭松门潘永康师傅所制兰盆（与箬山的不一样）

城市手工业、商业十分繁荣，可以想象当地人民的物质生活是富裕的，因此，人们对文化艺术也就有了相应的需求。在迎神赛会，祈福迎祥的时候，往往有些绅商富户，筹集大量经费，邀请扎纸艺人，扎制鳌山、楼台等巨大建筑物，费时累月，用钱很多。还有些富有人家，敷设道场，追祭祖先，也时常邀请扎制名手扎制灵厝，扎得穷工极巧，耗费很大。根据这些情况来看，泉州的纸扎工艺至少是起源于唐代，经过后人的附会传说，就产生了一段"唐太宗游地府"的故事。另一种传说，纸扎是在扎灯笼的基础上逐渐发展起来的。

至宋代时，糊纸业就比较繁荣了，北宋称为"装銮作"、"打纸作"、"冥器作"、"纸铺"等。据《东京梦华录》记载，每年七月十五中元节的前几天，市井街坊开始卖冥器靴鞋、幞头帽子、金犀缎带、五彩衣服等，这些都是扎好架子糊上纸制成的。其中还记载："以竹竿斫成三棚，高三五尺，上织灯窝之状，谓之盂兰盆，挂搭衣服冥钱

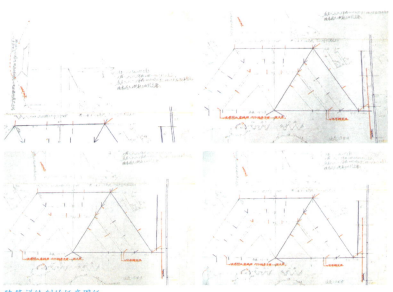

陈筱祥绘制的纸亭图纸

在上焚之。"明人所著《如梦录》所述，专门从事纸扎制作的人称为"扎彩匠"，其经营场所为"纸扎铺""纸马铺""纸马香铺"等。

总之，在我国，纸扎艺术自诞生以来，不断发展，应用于喜庆、丧葬等各种场合。正如潘鲁生在《纸扎制作技法》绪论中所概括的那样："纸扎艺术形成于唐宋，盛于明清。在中国不同区域到处可见，其应用范围之大，流传地区之广，为其他艺术门类所不及。""纸扎艺术的普及性及鲜明的个性特征使它渗透到民俗活动和生活的不同领域——无论是古代还是现代、宫廷还是民间、都市还是农村，都有制作者、使用者和欣赏者。纸扎艺术和民俗活动结合紧密，为春节、元宵节、盛典而扎制的彩灯，清明期间流行的风筝，庙会盛行的纸玩具，婚俗用的匾额、纸花，丧俗用的纸人、纸马等，都是民间交际、艺术交流和文化传承的主体内容之一。廉价的材料，简练的扎艺，使纸扎艺术摆脱经济条件的制约，成为民众渴望生存、抵制自然灾害、追求神灵保佑的精神食粮，并在护佑孩童成长、追思先祖功绩、庆祝新婚大典、启发儿童智力方面表现出民众的功利性和审美心态。"

在温岭，纸扎艺术也有广泛的使用。中国美术学院教授王伯敏是山水画一代宗师黄宾虹的关门弟子，一生专研中国美术史，也是山水画名家，是20世纪下半叶中国美术史学科研究领域的杰出带头人。他从小在温岭长大，小时候就对剪纸、纸扎等民间艺术比较关注，在其所著的《中国民间剪纸史》中就记载了20世纪30年代在温岭城北小校场的一家纸扎店的情况，这家店是陈春祥和妻子（横峰东洋人）金氏所开的。他写道："纸扎店，专营竹扎纸糊的生活。纸扎业务，关系到扎灯，扎器具，扎龙舟以及扎纸屋。它对剪纸，起到综合的利用，也发挥了剪纸艺术的特性。""纸扎店应付各个季节，各家不同的需要。季节有正月半、正月廿二、清明、端午、中秋、冬至等。如正月半，扎彩灯和龙灯；正月廿二扎门楼；清明扎纸坟灯；端午扎龙舟等。各家的需要，根据民俗的要求，如婚嫁、祝寿为红好事；丧事为白事。其他还有和宗教活动相关的，如观音生日、水陆道场、盂兰盆会、赐焰口以及招魂驱邪等，无一不需要有各种纸扎品去供应。大一点的纸扎品，几乎与人等身。衣帽都用各色剪纸。"他还写到了纸扎店的冥屋（即用竹架纸扎一座房子，烧了给死者用。这就是温岭人俗称的"库屋"）和奈何桥，因为冥屋上装饰了大量的剪纸，他认为"这座冥屋，成为剪纸作品的综合展览"。纸扎店女主人金氏是一位巧剪能手，人们都称赞她有十八般武艺，王伯敏还调查过这十八般武艺即所谓出肚(设计，构思)、画样(起画稿)、剪、雕、接叠、补缺、订合、上彩、套色等。在剪纸这一行，金氏有上等的手艺，王伯敏写道："应该说，她是一位佼佼的剪纸家。她的代表作是《福》、《禄》、《寿》、《禧》，其他还有一些戏曲人物。1935年春，温岭举办过乡土文物及民间美术展览，其中便有她的作品展出。一度，这家纸扎店成了我学习剪纸的业余学校。店里的老师傅、师娘及两个小徒弟都是我的老师。"王伯敏先生在《中国绘画通史》（下册）中，还记载了一位流落到广东的画家关惠农的事：1935年，他到温岭与温岭民间纸扎艺人合作，专为冥屋画戏曲人物画，如为县城尚书坊王家画的八堂《三国演义》，如《三战吕布》、《火烧赤壁》，轰动小城，观者日日争看，及至冥屋焚烧，观众犹赞叹不已也。

　　在石塘、箬山等地，信佛的人家有给去世的人糊制库屋的习俗，一般选在去世的亲人做"五七"或"七七"时焚烧。箬山地区的库屋与温岭其他地方的库屋不一样的地方有：它不是落地式的，即底层

箬山库屋（陈筱祥作品）

下面，还有地坎。据箬山糊纸艺人陈筱祥介绍，这是因为箬山在海边，所以糊制的库屋也要有岩坎。如今糊制的库屋，有"五间面"、"七间面"等规格，室内的家具，与温岭其他地区一样，也自然而然地与时俱进，电视机、空调、汽车等现代物品，一应俱全。

在石塘、箬山，还有一种纸扎器具叫"兰盆"（读音近似"拦魂"），一般给妇女用的，还有因海难而死去的男性渔民，也常用此"招魂"。它是一种宝塔形的纸扎品，底层糊有无常、牛头、马面等地狱中人物，宝塔的腰部有六个把手，使用时，请道士在边上做法事，亲属挽住把手转圈，边转边提着宝塔上下震动，把塔下面的一只只鸡笼都压坏，道士将死者生前的衣服扔到宝塔上，有招魂的意

箬山兰盆（陈筱祥作品）

味。最后则将兰盆焚化。据说，因海难在海上失踪的渔民尸体找不回来，兰盆焚化后的云灰，则当作失踪者的骨灰，放在陶瓷盛器内埋葬。

除了库屋与兰盆外，在石塘、箬山这边，纸扎品还有全堂水陆法会所用的纸扎品（如法船）、桥、关等，再就是七月七所用的祭祀用品。

[贰]彩亭（轿）的制作工艺

石塘、箬山七月七祭拜七娘妈仪式必备的祭祀用品有三种，即彩亭、彩轿或七娘妈座。

彩亭、彩轿都是用毛竹条、彩纸（或绸缎、布）和泥巴等为主要材料扎制成，其中彩亭的扎制最为精致，也最花工夫。彩轿次之，七娘妈座则最为简单。16岁的孩子代表成年，最后一次过节，所以，要用的彩亭和彩轿则称满金亭、满金轿，制作较其他岁数用的彩亭、彩轿更讲究些。

彩亭一般有两层、三层结构的，在箬山这边，1至15岁孩子常用两层结构的彩亭，16岁常用三层结构的满金亭（极个别的例外也有，如糊亭人陈其和的一对龙凤胎子女16岁那个七夕节，他为儿子糊制了五层的满金亭），在石塘这边，也有在16岁时亦用两层结构的满金亭的。

在石塘、箬山，在七月七过后，便有一些艺人准备第二年糊制彩亭、彩轿等的原材料了，当然，如果糊制数量不多的话，也有在七月七前几个月才动手的。

彩亭的糊制法按步骤来说，可分为亭架的扎制、泥偶的制作和合成几部分。

制作泥偶所需的材料，包括竹签、废纸、彩纸（或绸缎、布）、剪

材料（纸草绳、彩纸、金纸、剪刀、糨糊、热熔胶枪等）

刀、糨糊（或胶枪）、田泥、电光片等。

目前，箬山的糊纸艺人制作的泥偶，一般都用彩色皱纹纸作为衣服的主要原料，以金、银纸为盔甲原料，称纸人；而石塘这边，则用绸缎、布等为衣服主要原料，称绢人。

泥偶由骨架、泥头、衣帽、道具等组成，扎制骨架这一工序称打坯，是指在一根小竹签上用废纸打好各式各样戏曲泥偶的身体坯子。

不同的糊纸艺人打坯的方法也有不同，如箬山梁财庆家打坯的方法是这样的：先在竹签的一端衬上一根筷子，缠上几圈纸后粘上，抽出筷子。做好一批后，等糨糊干了，再缠糊上几圈纸，这样，竹签上缠上的纸壳上会有一个筷子抽出后留下的小孔，以后安泥偶头部就有了"颈窝"。

而石塘徐彩娥的打坯方法则是这样的：先用软纸卷成一个她称之为"锥"的纸锥，然后在竹签的一头两面涂上糨糊，衬上这纸锥，将一张方形纸片对折成三角形，将竹签垂直于底边粘好，再将纸锥包裹进去，用糨糊粘好，然后再以同样的方法，分两次将两张方形纸片对折后缠绕糊上去，使之成为身体坯子的"胸腔"，拔掉纸锥后，即有一个"头颈"可供安装泥偶头像。徐彩娥现在以白乳胶代替糨糊，她说这样容易干些，做得更快。

泥偶的手肢干、脚肢干也是由纸做的，由废纸卷成中空的长筒，

梁财庆在制作泥偶

再粘到竹签的身架上的，好像是人体的骨架。可以根据人物的造型
需要，将手肢干、脚肢干弯曲折出关节，在需要粘接到身体上去的手
臂上端，用剪刀斜剪出一小口，涂上糨糊或白乳胶，粘接在身体上就
可以了。

而泥偶的手，则以硬纸来做，精细一点的，在手形硬纸上还剪出

五个手指的形状，而批量生产的一般不需太精细的，就粘上一张简单的硬纸片意思一下，不需要剪出指形。做靴子时，需要将筷子头部斜削，使之成为鞋楦子模样，然后再用纸包裹，在靴面上贴上金纸等有色纸，抽掉筷子即成一只纸靴。

泥偶头的制作，一般由田中的青丝泥（或用黄泥）经模具压制，然后再开相描容而成。因石塘、箬山一带没有农田，所需的田泥要到上马或松门去取。模具是陶制的。制作方法是先用泥雕刻好所需人物的头像（或者用现成的泥偶头翻制），在一块糕状青泥丝上按压出模型。

石塘郭光兴师傅自述他所用的泥偶头模的做法：用的是青丝泥，是从上马河捞取出来的淡水河泥，没有杂质的泥就是好泥。把泥调和成膏状时，捏起大致的形状。等干了后，再精细雕成泥头。雕时，中间划一道直线，这样雕起来两边对称。然后用这个泥头翻模。同一个头形要翻泥模一二十个，然后放在风炉中烧好。这种风炉下面有炉膛，可以扇火。炉上面装炭，炭上面架铁丝。头模要干燥后才能拿去烧，若是没干透或有杂质的话，在烧时很容易裂开，这样就报废了。

而郭师傅的徒弟林仁敏的烧制方法则是将泥模裹上湿粗纸，放在镬灶中烧制而成。

箬山梁财庆的模具制作方法则不一样，他是用修船用的桐油灰掺入很少桐油调成膏状，按压取模，然后自然风干即成。一般需一两个月时间。以前，在箬山还有修船工场时，他就在箬山就近取材，现在则只能到杨柳坑那边修船的工场去寻找桐油灰了。

石塘郑念玉早年的模具是先叫人做了一个木雕头模，以此木雕头模在青丝泥上翻模，然后将泥模放在镶灶里烧，烧时先用粗纸浸烂包在外面，避免烧的时候开裂。慢慢烧起来，就像烧砖一样。

也有不用烧制的泥模，如梁安奶老师傅就习惯于用泥模，这种泥模不经烧制，虽然容易损坏，但制作极为方便。为了防裂，他在泥模外围缠上一圈胶布，同样的泥模，他要做三四个以上，因为泥模印人头印了数个后，水分浸入模中就不能再印，所以要将三个泥模轮换着印。

不论是泥模、陶制的泥模还是桐油灰模，用久了，模具就自然磨损了，等印出的泥偶面目不清时，就需要更新。

泥偶的头，按戏曲角色可分为生、旦、净、末、丑，石塘郑念玉则称主要是四种，即生、旦、童、丑。有些偶头是异形的，如《西游记》中的猪八戒、《封神榜》中的雷震子，不同的艺人，所制的泥偶头造型或有不同。

有一些净、老生之类角色的泥偶人物，下巴上留有胡须洞，这一类的泥偶制作更烦琐。

印头的方法：先将一小块青丝泥放在手上捏，像做尖嘴糯米圆

各种头模

子一样，搓捏成一个个的尖嘴泥圆，然后将尖嘴泥圆放在模具上，用左手大拇指用力按压，挤出去的泥巴再往中间聚拢压上，使泥头后脑勺平滑，且使泥团紧贴模印，随模赋形。然后用小竹签插入头部细心挑出，颈部挂出部分再处理一下即可。这样印出来的泥偶眉目清晰。梁安奶的做法略有不同，他是将田泥按入泥模中印好后，不是用竹签挑出，而是用大拇指、食指掇住泥人头后脑勺摇动拿出。梁财庆则觉得这样容易影响泥人的面目。

印出的泥头头坯一个个整齐排好，据梁财庆介绍，在日头下晒一两个小时就会干了，只要泥头头面光整无裂痕，晒后的泥头不会开裂，如果没有日头可晒，也可阴干。

晒干后的泥头，还要涂粉、上色，再描容、开脸。涂粉就是在泥头脸部涂上化妆的底色，用广告色或丙烯颜料调制好所需的脸面底色，用水粉笔涂好。而过去还要麻烦一些，据郭光兴师傅介绍，过去泥人头要开脸，用漆是不能直接漆上去的，漆干后会整层起壳，而是要用黄鱼胶煎起来，黄鱼胶外面的一层油，要剥掉，那个时候的黄鱼不像现在这样珍稀，只要几分钱一斤，所以黄鱼胶用得起。黄鱼胶煎起来后，要掺入油漆用的立德粉，立德粉是一种结晶性粉末状的无机白色颜料，它是硫化锌和硫酸钡的混合物，含硫化锌越多，遮盖力越强，品质也越高。这种立德粉与黄鱼胶混合物刷上去后，就粘得牢牢的。旦角的脸部打底，就用白色的立德粉加黄鱼胶调和物，生角的，则还要掺一些红朱颜料。他回忆说，在"文化大革命"期间，还是用黄鱼胶的。后来有了合成胶水，才用合成胶水调立德粉。

有些生旦角色，还需要在脸颊上施以胭脂色。净丑等角色，也如画戏曲人物脸谱一样，按各种人物的特点，画上眉目、脸谱。按石塘郭光兴的经验，画眉毛，用的蟹爪笔。左一画，右一画，就画好了。旦角的眉毛下弯，生角的眉毛要平直一些，而武生的眉毛则更要上挑一些，这样显得更英武。

旦角头像脸上的胭脂，用的是路桥市场上卖的"十七朱"，用"土朱"是不行的，涂时，要用棉花蘸一点，先在纸上揩擦试一下，等颜色标准了,再涂上去。

涂完再在脸谱上涂上一层清漆,这人物形象就更活灵活现了。但现在一般七月七做的彩亭,因为制作成本关系,往往不再涂清漆了。

有些艺人还要选制作时间。如郭光兴师傅的经验是,像泥偶头这些东西,在冬季备起,因为冬天阳光好,这时候用模子印泥人头,容易干。而描容画脸,则等到次年的农历三月份比较好。

泥偶头模,听艺人们说,过去还分泉州头、潮州头,有人专门从福建贩卖到石塘箬山的,这种头的特点是后脑勺隆起,但是中间是空的,现在石塘箬山这边制作的,基本上是实心的了,后脑勺也并不隆起。

以下是箬山东湖村糊亭艺人陈筱祥在2014年接受相关采访时关于潮州头和福建头的回忆:

"我做小人跟我爸糊亭时只有十几岁,到十五六岁时,就已学会全套糊亭技艺。18岁时开始下船讨海。我那个时候糊亭时,认识一个山头顶(东山村)人,与我爸有一点亲戚关系,是爱好糊人头的,但又不是专业糊人头的,他家里有些潮州头。一次,我跟他说没有地方可买这种潮州头,他说有,我就到他家里拿了一些,现在我家里还有十几个,包括生、旦、童、丑四种。生又分为文生、武生、老生头,老生头的下巴和耳下,又有胡须洞,便于穿胡须用,旦又分为正旦、副旦,正旦即小姐,副旦即丫鬟之类。我今年68岁,这些头拿来有50

多年了，因为翻过模，所以有些头脸上是黑色的。

潮州头是空心的，所以看上去头比福建头大，却较轻。潮州头用的泥质量好，脸上涂的粉质量也好。开脸也好，胭脂均匀，头发、眉毛都画得很好，如头发是浓黑的，而两鬓的鬓发又浅淡一些。我糊亭那时候，泥人头不够时，就向三村庄道兴的娘买。庄道兴曾经在5号钓机上讨海，和我同船三年。庄道兴娘儿（母子）两个，现在都早已去世了。庄道兴如活到现在，起码有90岁了。这种福建头头型比泉州头小，脸上亮光度较好，是装在铁盒子里卖的。买的时候，她五十个一百个这样数给我。福建头到底是空心的还是实心的，不晓得，因为没有打开过。"

打好身坯的泥偶，则要穿衣配道具，这要根据戏曲人物的不同角色形象，选择不同颜色的皱纹纸或缎、绢、布等配上。如水袖一般都用白色皱纹纸剪好贴上，金色、银色的盔甲，则用相应的金银色蜡光纸剪成形，用特制的凿子在上面凿出花纹。这种凿子使用的时间不长，是糊纸艺人专门请人用铜料焊成的，既可以凿纸做盔甲用，也可以凿纸当成彩亭上的琉璃瓦用。石塘徐彩娥则还用它作制作头盔。而在这种专用的凿子发明之前，据郭光兴回忆，他们是用针或剪刀尖一针针（一刀刀）戳的，再在金银纸上用笔蘸各种颜色的颜料画一下。

穿衣时，先将皱纹纸按所需的形状剪好，粘上糨糊，再粘贴在身坯上。给泥人穿衣穿靴戴帽的步骤，一般是从下到上，即先穿靴，再穿裤，穿衣服，加领肩，最后才戴帽。武将人物的步骤是：穿靴，再穿裤子、衣裳，再加上盔甲，如果盔甲片有三片的话，要将两边的先穿好，再将中间的一块叠上去。最后戴盔帽，盔帽用剪刀剪起来，头发用丝线卷起来。

至于用绸缎做衣服的，也应根据实际需要，配上不同颜色的缎布，如托塔李天王用大红缎布，观世音用白色缎布，现在一般都用胶枪粘上。石塘郭光兴做绢人，使用的就是做被面的缎布。他回忆说：过去扛台阁时，台阁中的小孩子扮成戏曲人物，那个时候买不到戏曲服装，人们就用绸缎被面裁起来作为戏服。他做绢人用过真缎和草缎，这种真缎他还保存着一些。真缎用糨糊能粘住，草缎用胶水也粘不牢。这种草缎大概是化学纤维做的吧。郭光兴回忆金花师傅糊亭时，是绢（缎）、纸并用的，而郭光兴本人在14岁独立开店时，就开始用缎了。

听郑念玉介绍，过去还没有使用胶枪时，则需先将缎布褙在纸上，然后才能粘得住。石塘的绢人，除了缎布外，也还使用各色蜡光纸，如李靖的金色腰带，就用金色蜡光纸围上。

泥偶头与身坯的连接，现在一般用胶枪在头颈孔中打一下胶，将泥头小心安上即成。过去用的胶水实则是用面粉加矾煎成的糨糊。

还有一些道具，如观音的莲花宝座、孙悟空的金箍棒及他所站

郑念玉制作的绢人、纸人

的云头（雕版印刷）、沙僧的担子、满金亭中书生带的雨伞等，都要先备好，然后一一按要求配好。

安上泥头后，还要根据要求戴盔帽或装上头饰。胡须有用丝线代替的，也有用蜡光纸剪出形状贴上去的。陈筱祥回忆其父陈永喜当年做胡须是用棉花染上墨水做的。他也看到里箬村陈其鸿用棉花做过胡须，还看到陈其鸿用黑丝线做过胡须。陈筱祥后来也用纸剪起来贴上去当胡须。贴胡须比较麻烦，像《八仙过海》这个曲目，八仙中有6个是要贴胡须的，就比较麻烦。郭光兴回忆说，他糊亭时，《八仙过海》的人物，都是自己动手做的，子女们做不来，而且《八仙过海》比较难做，每年只做20套左右，价格与其他内容的一样，购买的人先到先得。目前，在石塘、箬山两地，很少看到有做《八仙过海》的，大概就是因为其制作比较烦琐费工夫吧。

糊亭艺人在制作纸人、绢人时，总是精益求精，力求展示最美的仙佛人物形象。如大闹天宫时的孙悟空，头上有两根雉鸡翎。笔者仔细观察了一下，不知道这种看上去很逼真但很细小的雉鸡翎是什么材料做的。东湖村的陈筱祥师傅告诉笔者，这实际上是孔雀翎做的。孔雀翎是从路桥买来的。有一回，他在路桥市场上看到有人在卖孔雀翎，心想这个拿来做孙悟空头上的雉鸡翎可能比较好，于是就买来试了下，果然不错。每一小根孔雀翎，根部都要先用白纸卷上一部分，再插在孙悟空头上。而在以前，陈筱祥的父亲陈永喜他们这辈人糊亭时，雉鸡翎则是用细竹篾做的。先在细竹篾上缠糊上一层白纸，再在外面缠绕上蓝色、金色蜡光纸剪成的细条，弯一下即可。而郭光兴师傅糊亭时，则没有用孔雀毛做过雉鸡翎，他用的是船上用的合金铜丝——钓带鱼用的钓头上有铜丝缠着的，这种合金铜丝有弹性，能弯起来，用红绿纸缠上包起来，跟雉鸡翎差不多。

有些人物的身上、头上还点缀一些珠光片，这是糊亭艺人从路桥市场上购买的，价钱比较便宜，效果又挺好。

制作好的泥偶，可以装在盒子里或者插在沙盆中备用，等彩亭骨架扎好糊上纸后，再将一个个泥偶，按戏曲故事要求一一插在亭子上。

　　箬山人做的纸亭上，常有《西天取经》、《大闹天宫》等戏曲人物形象，但是石塘这边近几年来都不作兴用孙悟空，人们最喜欢的是童子拜观音。因此，目前石塘的两位艺人郑念玉与徐彩娥做得较多的是童子拜观音泥偶。

　　纸亭的糊制，则分为劈竹、扎架、配纸、糊亭等多个工序。所用的毛竹，由艺人到上马或松门市场上购买，按所需糊制的彩亭的要求，将毛竹锯成一

梁财庆自刻的宝塔木版

截一截，再用篾刀劈成竹条，竹条和竹条之间，要用纸绳扎牢。

　　扎骨架的纸绳（纸捻）材料，经历了许多变化。据陈筱祥介绍，从他父亲陈永喜开始，大致经历了以下几个过程的变化：他小时候，父亲糊纸亭，纸绳大部分是拿绵纸卷的。这种纸白净而有韧性，以前都是拿来写字用的，比如写地契，就得用这种纸。那时候，陈永喜

专门到温州去买绵纸，都是一刀一刀地买，一刀有一百张。后来就改用拷贝纸了。拷贝纸比较薄，半透明，可以蒙在图画上描图，这种纸的韧性也较好。再后来则兴起了皱纹纸。陈筱祥记得是陈其鸿先尝试用的。他说过去上海产的皱纹纸韧性好，现在山东产的皱纹纸，则没有那么好的韧性了。

不管是绵纸、拷贝纸还是皱纹纸，都要将它们搓成纸绳。先将纸剪成相应大小的纸条，这里面也有讲究，因为一张纸看上去平平整整，好像没什么名堂，其实，却是有横纹、直纹之分。有经验的糊纸艺人，拿起一张纸照一照，就能分辨出横纹、直纹，这样在裁纸时就心里有数，不会裁错了。照直纹方向剪纸卷成的纸绳不容易断，反之易断。然后用两手一上一下转，一只手顺时针转，另一只手逆时针转，接着将纸放在粗糙的桌面上搓成绳。

糊一只纸亭，要用许多纸绳。如糊一两百只纸亭，光是搓纸绳就要花许多工夫。现在为省事，也有用尼龙绳来代替的，如梁财庆家这几年就用尼龙绳，他将尼龙绳穿在织网的梭上扎骨架。虽然材料费贵一些，但因比较省事，所以两种方法都有人使用。

2014年8月，笔者在采访陈筱祥时，他告诉我找到了一种新的扎骨架的纸绳材料——温岭草编帽纸草绳。编草帽一向是温岭的一种传统，大概在20世纪20年代中期编草帽的技艺就传入温岭，开始时编草帽的材料是金丝草与麻草。到了20世纪80年代以后，编草帽的材料从单一的麻草发展到咸草（蒲草）、马兰草、席草、麦秆、麻绳。还衍生出麻绳篮、麻绳袋等产品。其中有一种纸草帽，所用的纸草是纸纤维卷成的，这种纸草强度较高，用机器生产。梁财庆的岳母在打爿盍禹王庙边卖石花冻等冷饮，闲时也编织纸草帽。陈筱祥有一次去找梁财庆时，看到这种纸草绳，试着拉了拉，发觉很耐拉。他从梁财庆岳母处打听到，发织帽材料的是石苍岙的一位妇女，而这位妇女则是从箬横镇东浦的一家公司进的货。陈筱祥后来到路桥进货时，偶然看到这家公司的纸草样品册，上面各种颜色各种规格的纸草都有。后来，他特意去这家公司，以一元钱一斤的价格，买下了一大袋废弃的纸草边角料，加上运费，总共也只花了百把元钱。他说，这种纸草在糊库屋时也用得着，算起工本费来，这要比搓纸绳等要省工又省钱多了。梁财庆得知后也买了一些，2015年糊纸亭时，就用上这种纸草绳了。

扎彩亭骨架，一般是先扎好每层的架，再将几层的架用长竹条串联起来，一般两层的彩亭，高度有80多厘米，三层的满金亭更高，有1.1米左右高。

扎好骨架后，还要在骨架上糊上各色彩纸，一般是花纸或蜡光纸，亭上的琉璃瓦，有用金纸凿出长条近似形状贴上去的。花纸做最后一层的墙面装饰等用。蜡光纸做彩亭每层的瓦面等。还要在瓦面上贴上云头。云头是剪纸剪成的，有"大云头"、"小云头"之分。

在彩亭的背部，上下两层则分别贴着观世音像和七娘夫人像版画。据郑念玉介绍，原先，七娘夫人像并不是贴一纸七娘夫人的画像上去就了事的，而是也要做七个有泥头的偶像贴在纸板上放进去。后来为了省事，以七娘夫人版画像代替了。2014年七月七时节，笔者专程去泉州惠安崇武古城考察，看到当地的彩亭中，还是用泥偶头做七娘夫人座的。上层贴着版画印的观世音像。郭光兴说，他小时，纸亭中是没有贴观世音画纸的。"可能是梁安奶想起来放上去的，其鸿做的是没有的，金花做的也是没有的。"

彩亭上，还有彩纸剪成的飘带，有剪成"888"、"寿"字图案的，有在"888"中间还剪出"喜"字图案的。这些纸飘带随风飘动，为彩亭增色不少。

彩亭的底层，背后贴的是七娘夫人像，已故艺人骆业生在接受采访时曾说这是"七娘宫"，又称"保赤宫"，意思是保护小孩子健

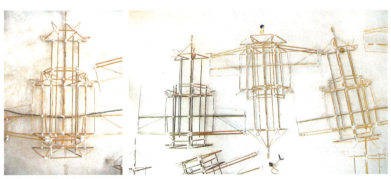

郑念玉的彩亭竹架

康成长的。而郑念玉则说，这一层又叫"七保宫"，宫门口设有烛台。郭光兴的做法是：烛台用金纸剪成"万"字，上面再加上红纸剪的红烛。陈其鸿师傅的烛台做法则延续了其父的做法——纸剪制的红烛背后，还衬有小竹签，前面还用纸糊成桌裙。"保赤宫"前还有两位守门的侍女或金童。而16岁用的满金亭，则在底层中间宫门口安上一位手拿雨伞、肩背包袱作上京赶考状的红袍书生，这表示孩子已经长大成人，走向更广阔的天地。

底层还有楹联，有的写着"上天奏好事，下界保平安"，有的则写着"二祈礼拜八节圣神，一心诚敬七娘夫人"（梁安奶）、"一心诚敬佛，下界保平安"（郑念玉）。不同的艺人所制的彩亭上所使用的楹联不同，人们可以据此区分不同艺人的作品。

底层的两边，不同的艺人做法又有不同，有的是两边齐平的，有的做成一边平，一边斜肩，两边布置花园（装饰万年青之类的植物）、金山（以绿皱纸折成山形贴上，上边还贴了一些金色小纸片，以示为金山）、宝塔等。宝塔为五层宝塔，用雕版拓印而成，剪去周边多余的白纸就成了。也有的艺人因无雕版，就通过复印而成。有的还在亭底层的一侧插上一支小红旗。

关于这支小红旗的来历，陈筱祥回忆说，那是过去完税的证明。不过，石塘的糊亭艺人则说不是这么回事。陈筱祥回忆说："以前，亭的底层边上是没有小旗的。我记得有一年，税务所把糊

亭底层的一侧插着一支小红旗

亭的人叫过去开会，时间是在夜里，参加的人员有骆业生、梁安奶、陈其鸿、黄珠义的父亲黄良桂，还有我爸这些人。黄良桂是吹唢呐的（是大奏鼓唢呐传人，林友桂著的《温岭大奏鼓》第177页上有介绍），绰号叫大臭，非常有名。刘少奇当国家主席后，除"四害"运动时，夜里他吹唢呐叫大家起来消灭麻雀，他曾经去温岭吹唢呐获过奖。我当时十几岁，是跟着我爸去开会的，所以记得这事情。税务所叫这些艺人自报糊亭个数，比方说，陈其鸿，你糊几个，陈实际上糊十个，为了少交税，就说糊五个，税务所就发给五支小红旗，上面盖了完税戳。几年后又不缴税了，但这支小红旗仍被保留下来了。"

二层上面过去还装有写着"虫二"两字的竖形匾额，这是什么意思呢？原来，这是一个字谜，所谓"虫二"，即繁体字的"風月"两字去掉边框，即"风月无边"的意思。相传七仙女与董永是在亭子里相遇的，他们之间发生了风花雪月的故事，还有了孩子，因此，彩亭又被称为虫二亭或风月亭。

彩亭的尖顶上，还要装上一个金纸或红纸剪成的宝葫芦。而石塘郭光兴当年糊亭时，金纸剪的宝葫芦后面，还要衬上红色蜡光纸剪的花样。至此，一只彩亭才算完成。

关于纸亭上插的神仙人物，石塘、箬山的糊亭艺人有一专用的量词叫"仙"，亭上的人物，一般是单数的，如七仙、九仙。

以下是石塘郭光兴师傅当年做过的人物搭配方案：

《西游记》之《大闹天宫》：共九仙人物。四大金刚插四角（在二层），孙悟空插中间，还有李靖、哪吒、杨戬和观世音（为什么要有观世音？烧金的人信佛，光是孙悟空插中间不行，只有把观世音放上去。如果没有观世音，如来佛也是可以的）。

《火焰山》：亭的底层花园两边的人物有孙悟空、铁扇公主、唐僧、猪八戒、沙僧。

《小八仙》：共七仙人物。即观世音、金童、玉女，再加四个小人（细佬、小细，即小男孩和小女孩）。

《中八仙》：共七仙人物。福、禄、寿三星，再加四个小人（细佬、小细）。福星即天官，穿戴相帽；禄星穿绿色龙袍；寿星黄衣裳，

七娘妈座竹架（徐彩娥）　　　七娘妈座（正面）　　　　七娘妈座（反面）

七娘妈座

白须。

《大八仙》：就是铁拐李、汉钟离、张果老、何仙姑、蓝采和、吕洞宾、韩湘子、曹国舅八人。张果老骑驴；韩湘子骑白鹤；何仙姑骑白鹤（骑荷花也可以）；铁拐李背葫芦，一根拐杖，穿黑色衣服，骑白象；汉钟离带芭蕉扇（芭蕉扇与《火焰山》中的芭蕉扇一样，上有红头的桃样）；曹国舅手拿朝笏或骑朝笏。这个做法是仿庄阿秋的。

《姜子牙收三霄》：共七仙人物。云霄、碧霄、琼霄三霄，骑白鹤，在三个角落头。姜子牙必须放中间，还有哪吒、杨戬，加其他人物一仙。这是郭光兴十几岁时做过的。

郭光兴回忆说，以前还做过将两仙人物合成一仙的，如吕布、貂蝉和梁山伯、祝英台，两个人并成一个人，两根竹签，身体坯也打两个，头也是有两个，但是手、脚省了，你一半、他一半拼起来。《白蛇传》烧金的人不喜欢。吕布与貂蝉，梁山伯与祝英台，这些人物烧金的人都不喜欢，所以后来不做了。

彩轿的制作相对简单许多。它是模仿民间花轿的样式制作的，一个轿亭，一副轿扛，轿子背后，也贴有一张七娘夫人像。16岁用的满金轿中，则还有一位带着雨伞、包袱的大姑娘泥偶。石塘郑念玉的做法，则将这泥偶做在轿子前边。石塘徐彩娥做的彩轿，还在轿顶装饰着莲，满金轿则插上宫花。

七娘妈座的制作最为简单，它的支架做法也只有两三种，用竹条扎成台历架模样，在上面粘上尺把长的硬纸板，再在硬纸板上粘贴上七娘夫人的像即可（上面三位，下面四位）。七娘夫人的像，考究一些的，还有用泥偶头的，简单的，泥偶头也不用，仅以纸片画上眉眼，身体以金纸折一下、剪一下，有那么些意思即可。

三、小人节祭拜仪式

石塘七夕习俗有独特的祭拜仪式，一般来说，纸亭要提早订购，有的人家早在农历七月初一前就请到家里了。郭光兴回忆说，他做得最多的一年糊了五百多个纸亭，从农历六月初一就开始出售了。纸亭请到家后，从七月初一开始每天给七娘夫人上香，这时不必用其他供品。有的人家还要到村里的庙里拜佛念经。

三、小人节祭拜仪式

[壹]祭拜供品

石塘七夕习俗有独特的祭拜仪式，一般来说，纸亭要提早订购，有的人家早在农历七月初一前就请到家里了。郭光兴回忆说，他做得最多的一年糊了五百多个纸亭，从农历六月初一就开始出售了。

纸亭请到家后，从七月初一开始每天给七娘夫人上香，这时不必用其他供品。有的人家还要到村里的庙里拜佛念经。

满金亭上装饰的精美人偶

在过去，七月七到来前几天，要做七月七的家庭，还要提前做水圆。水圆是糯米与早米掺在一起做的，比例为对半开或糯米二早米一，两种米混合后放在布袋中浸水一至两夜，然后滤干水，上磨磨成粉，搓成一个个水圆，在镬里烧熟。在七月七到来前几天，箬山、石塘两地家里有人要过小人节的，要将做好的水圆放在小钵头里，送给不过小人节的亲友家，亲友会回赠一些农产品，如南瓜、栗子等作为"回篮"，这就表示邀请相关亲友届时前来吃七月七。不过，据石塘人说，已经有十来年没有送水圆这个环节了。

同样是渔区，但是各村的风俗习惯、庙宇寿日略有不同，如上马做五月十八，粗沙头、环海村等做四月廿六（杨府大神寿诞），前红村做六月六，这些地方都不做七月七。所以这些村的人常常被亲戚邀请去同过七月七。而这些地方的人过五月十八、四月廿六等节日时，同样也会备上丰盛的宴席邀请亲戚前去共享。但是随着时代的变迁，这一习俗在近二十年前就日趋式微，现在基本上没有人这么做了。

据石塘、箬山两地的人回忆，在"文化大革命"前，做七月七祭拜，一般都是在午宴结束后进行，也有的在"日头昼根"即午饭前就摆出供桌，开始祭拜七娘夫人的。

过去，祭拜七娘夫人，男孩子用纸亭，女孩子用纸轿，家里贫穷的人家，买不起纸亭或纸轿的，就买一个非常简单的七娘妈座意思

这户人家不用三牲（五牲）作供品

一下，也有一些更贫穷的人家，干脆不做七月七的。

国家级非物质文化遗产大奏鼓的温岭市级代表性传承人庄道春，2014年时他85岁，其姐87岁，其妹去世三四年了。他回忆说，他兄弟姐妹三人幼年时，家里非常贫穷，父亲没有自己的船，帮人家讨海养家，母亲在家做家务。庄道春很小时就上山斫过柴、捡过番薯省（别人收番薯后剩下的），母亲常常为吃的发愁，常常是吃了上顿没有了下顿，经常吃野菜。因此，没有钱过七月七。

从最近二十年的七月七来看，祭拜习俗上打破了过去女孩只用纸轿的旧俗，当然还有女孩子过七月七时用纸轿的，但更多女孩子在过七月七时，也置彩亭，与男孩子一模一样，这应当与独生子女多了，讲究男女平等的观念有关。在石塘，女孩子满16岁时，有的人家既订购一只纸亭又订一顶纸轿。

七月七祭拜时的供祭品有三牲（五牲）、五果、六菜（泉州那边则称为六斋）、四福食等。所谓五牲就是雄鸡、鸡子（蛋）、猪肉（刀肉）、墨鱼鲞、黄鱼鲞、猪肝等。其中男孩子十六岁时最后一年做七月七，雄鸡头是必不可少的，且雄鸡头两翅要背向后面与鸡头扎在一起，尾巴上要留几根鸡毛，喻示孩子长大成人，从此插翅高飞。五果即时令水果，如苹果、梨、香蕉、李、红毛丹（这种水果应当是近年才有的，过去没有）、柑橘、西瓜等。六菜即米面、麦面、黑木耳、白木耳、金针（黄花菜）等，四福食则是糖龟、粽子、索面、馒头等。还有七杯酒、两碗糯米水圆和七种鲜花，如南瓜花、丝瓜花、紫薇花、木槿、凤仙花等。花要采自干净的地方。有的人说，地上的野花不能采，最好是生在树上的花或者是种植的花。也有人说，16岁时

祭品

七种鲜花

不能用南瓜花和木槿，但也有人不讲究这些。有些人家还要奉上一些经牒、纸折金元宝等，祭拜结束前，与纸亭、纸轿、七娘妈座等一起烧掉。

[贰]烧金仪式

做七月七，石塘、箬山也将这一活动称为"烧金"，所谓"烧金"，就是烧金、银纸。台湾作家林海音在《台湾民俗杂辑》一组文章中有一篇《烧金》，对台湾人祭祀时"烧金"作了介绍："台湾人的祭祀里，无论祀天、祀神、祀鬼、祀祖宗，一定要烧纸，就是平常到寺庙里小拜也要'烧金'。台湾的锡箔虽然简单，只在粗糙的小方块竹纸上附着一块金色或银色的箔。但是种类和分别却很多。大体说来，金纸是为神的，银纸才是为祖宗、鬼及丧事所用。金纸又分许多种，哪种神用哪种钱都有规定，不像咱们人间，富贵贫贱都用新台币。"在石塘、箬山，人们"烧金"同样有许多规矩，在七月七前，准备烧金的人们，就要到香烛店（宗教用品店）购买金纸，有的则是折叠好的。

在石塘、箬山的香烛店中出售的"金"有：得胜金、招财金、兴隆金、财神金、大发金、文昌金、平安金、如意金、大福金、祖先金、观音金、莲花金、佛家保佑金。七月七"烧金"，一般用莲花金和文昌金，观音金也可以。因为七月七主要是保佑小孩子平安健康成长的，学业进步也是家长所祈求的，所以烧给文昌菩萨的文昌金也是可用的。在香烛店，还有将莲花金等折起来，折叠成莲台模样出售的。

在七月七这天，人们设祭时，都会在自家门前道地头或门口场

烧亭

金纸

地上摆设方形供桌一两张，在供桌上陈列各种祭品。在供桌一边的中间位置，摆放纸亭、纸轿或最简单的七娘妈座。过去，人们还要在亭子上挂上七色线（现在则较少看到），并在纸亭或纸轿七娘妈座前，摆上七个酒盅，在亭（轿）等两边，摆上两碗水圆，亭前桌上，要将三牲（五牲）、五果、六菜、四福食等分别放在托盘中，正式祭拜时，要给七个酒盅酙上老酒，并点上香烛。

有些信佛家庭祭拜时不用三牲（五牲），七杯酒也用七杯茶代替。

主持七月七祭祀活动的，一般都是家里的女性长辈，即小孩子的奶奶、妈妈等。要上三次香：第一次点七根香，等到香燃掉三分之一左右时，再上第二道香，此次和最后一次上香可以只有三根。在点

七月七供桌上的各种祭品

香时，人们祈求七娘夫人保佑小孩子平平安安、健健康康、快长快大、读书聪明等。有时候，女性长辈也会要求小孩子在供桌前擎香鞠躬祈愿。

等到三道香都上完后，再次揖拜后，就可燃放鞭炮，表明祭祀仪式即将结束。

最后，则要将纸亭和纸轿等从供桌上拿下来，放在铁镬中焚烧。现在有些人家要候潮水，说涨潮的时候才可以烧，退潮则不烧。过去并没有这么讲究。在烧之前，要将纸亭上挂着的七色线挂在小孩子的头颈上（现在许多人都省去了七色线）。

焚烧后的灰收拾起来倒在海沙头（海边沙滩上）。里箬村庄阿

祭拜结束时，焚烧彩亭、金纸等

兰阿婆称，烧亭、烧金纸后的灰，冷却后放在油纸袋里，放在屋栋头或墙头。因屋栋头够不着，她一般都放在墙头。

里箬村的黄秀兰和林冬兰告诉笔者，过去人们过小人节，在1岁和16岁这两年都格外隆重一些，都要请亲友来家里喝酒，特别是16岁用满金亭这一年的七月七，还要多做一些糯米水圆。招待客人的酒宴也特别丰盛，如猪肉、鲳鱼、墨鱼、猪肚、鳗鲞、蛏子、山东面（绿豆面）、鸡，一盆一盆菜烧起来，最多的有32盆之多。请亲友吃过酒席后，还要送他们每人一个用钵头装的糯米水圆带回家去。而嫁女儿的头一年，也要给女婿家送糯米水圆，不过是一个大钵头的糯米水圆，量更多。

如今，16岁男孩子过小人节仍然特别隆重。下文以一个家庭过16岁最后一个小人节为例，以使读者了解仪式过程。

2012年8月23日是农历七月七，当时，石塘七夕习俗作为"七夕节"的扩展项目，已被国务院列为国家级非物质文化遗产。当日，由温岭市文化广电新闻出版局和石塘镇人民政府共同主办的"走进温岭历史文化遗产暨石塘镇春泥计划启动仪式"在里箬村举行。村里的渔民在启动仪式上跳起了传统渔家舞蹈大奏鼓，在鹁鸪咀路，笔者观摩了16岁的蒋程城过最后一个小人节的祭拜仪式。

蒋程城一家已移居温岭市区太平街道，为了过小人节，他们一家三口特意回到老家箬山来做七月七。

蒋程城过小人节的满金亭是向箬山打爿呑颇负盛名的纸扎艺人骆业生定制的，骆业生是第一批温岭市非物质文化遗产项目（小人节纸亭制作工艺）代表性传承人之一。这座三层高的满金亭，是蒋家花了358元钱购买的。

章春凤对小人节祭拜仪式很熟悉，她介绍说，满金亭上，都有一个手拿雨伞、肩背包袱的书生，好像是上京赶考的。这表示，过了16岁，孩子就成年了。这一年的祭品，也有讲究，要求七种祭品，其中西瓜是不算在内的，按老规矩，西瓜要剖成两半的半只就可以了，其他岁数的孩子过节，西瓜只要四分之一也可以。蒋程城过小人节的祭品有：雄鸡头、索面、鸡蛋、鱼鲞、猪肉、猪肝、糖龟、粽子。其中鸡蛋是7枚，据说这也是老规矩，其他岁数的孩子过小人节时，则是8枚。在满金亭的背后，还挂着一袋装有7种鲜花的袋子，笔者特意请章春凤解开细看了一下，发现有丝瓜花、紫薇花等7种花，有多种花叫不上名字来。

"这7种花，是在七月初三好日子时，到山上采的，不能用肮脏的地方长的花，其他年头，可以用南瓜花和毛辣篱花（即木槿）。16岁这一年，不能用这两种花。从山上摘的花，要放在冰箱里，七月七早上才拿出来用。"

章春凤还解释说，最后一年过小人节有其特殊之处，如，其他年份，七盅酒可以是每盏半盅的，到16岁时，一定要用满盅的酒，以

蒋程城在过16岁小人节

示圆满。在彩亭底下的左右两边，要用两个糖龟。糯米水圆，平常年份，只要一碗就可以了，16岁这一年，一定要用两碗糯米水圆。连炮仗（爆竹）、小炮仗（鞭炮）也有讲究，必须是两盒炮仗、三串小炮仗。

16岁过小人节还有许多讲究，七月七这一天，家人都要穿上新衣新裤新鞋，连毛巾、牙刷、牙罐全部都要换上新的。还要求衬衫必须是长袖的。

满金亭上，还挂有七色线和一挂金锁，金锁上面有"状元才"三个字，这挂状元锁是蒋家花了1500元钱专门定做的。要上三次香，擎香祈祝后，将7枝香插在彩亭前。上香完毕，章春凤将七色线和状元锁挂在蒋程城的脖子上，然后，将彩亭在铁镬上焚烧掉。蒋玉枝

蒋程城16岁小人节之供品（雄鸡头、刀肉、鱼鲞、糖龟、水圆、老酒等）

去燃放了爆竹、鞭炮，仪式告毕。

四、传承与保护

石塘七夕习俗（小人节）的发展与社会经济、政治、文化的发展相关联，这一习俗在传承过程中，也不可避免地受到时代的影响而发生着相应的变化。但是，即便是经历了『文化大革命』的冲击，民间艺人被禁止糊制纸亭，甚至有些艺人被抓去游街示众，但是作为一种民间习俗，小人节还是展示了其顽强的生命力。人们还是偷偷地糊制纸亭，还是举行祭祀活动，并因此将原先放在七月七当天下午举行的祭祀仪式，提早到早上四五点钟或五六点钟举行。所以今天的祭祀仪式，一般都在七月七凌晨及上午进行。

四、传承与保护

[壹]传承人

石塘七夕习俗在长期的传承中，糊亭艺人名师辈出，但是，由于过去很少有相关的文字记载，现在能查考到名字的糊亭人还是不多，择其主要者简介如下：

1. 石塘七夕习俗国家级代表性传承人

陈其才（1942年—　），东海村人，石塘七夕习俗国家级"非遗"代表性传承人，也是目前温岭市仅有的一位国家级"非遗"传承人。他早年打鱼为生，因从小受家庭及周边村民的影响，对纸亭、台阁等的制作十分喜爱，1967年，他开始在家扎制纸亭、纸轿、花圈等（据温岭市文化广电新闻出版局提供的资料）。

1997年6月开始，陈其才担任镇业余文保员，负责文保单位"东海天后宫"的日常看护工作。

东海天后宫位于石塘镇南海湾上，为四合院式建筑。正殿七开间，重檐歇山顶。两厢各三开间，有楼。前进七开间，上楼下廊，中天井，有戏台。始建于光绪二十四年，民国六年重修。有一定的时代风格特征，为全市唯一完整的木结构寺庙建筑。1992年3月18日公布为县级文物保护单位。

因为年久失修，东海天后宫2000年前破烂不堪，当时，东湖村、胜海村、小箬村、东海村四个村信仰妈祖的信众决定重修天后宫。陈祥田、吴文贵和陈其才等一些热心公共事业的人被推举出来担任重建天后宫小组成员。时当酷暑夏日，陈其才等分组分头到四个村上门去募捐，足足花了一个星期左右时间才完成任务。此外，石塘桂岙、小沙头、流水坑、捕屿、苍岙、上马、打岙岙、花岙、鹿头咀等各个渔村的妈祖信众闻讯后也踊跃捐款乐助，加上市里的拨款，凑齐了天后宫的维修资金。

东海天后宫在"文化大革命"结束前，曾被当作县水产公司的

东海天后宫三月廿二寿夜

鱼货仓库二十多年，天后宫内戏台前的青石雕刻、原来所立的石碑等，都被破坏了，后来水产公司不再做仓库，东海村又在天后宫内办起了机械厂，天后宫里的彩楼全部被拆。可以说，在重修天后宫前，天后宫破破烂烂，不少渔民将网具、木料及一些家用杂物长期堆放在庙里。在陈其才等的劝说下，大家将各自的东西搬出了天后宫，经过整修，天后宫焕然一新。

陈其才着力维护天后宫的安全和整洁。碰到天后宫邻近道头（码头）的一些渔民家购买了渔用物资、冰箱等物，因为天黑了找不到小工搬运，想暂放在天后宫内，陈其才大都同意，但每次都要跟他们说清楚，只能是短期暂放，不能长期放在天后宫内。还有，有时候一些顽皮的孩子进入庙内玩火，陈其才发现了总要劝阻，防止发生火灾。

此外，他还积极参加2007年石塘镇箬山片的非物质文化遗产普查，以及小人节等民俗项目的座谈调查等，为前来调研的专家们提供了丰富的石塘民风、民俗素材。2014年初，他辞去东海天后宫管理工作。

2. 石塘七夕习俗省级代表性传承人

骆业生（1934—2014年7月3日），石塘镇东兴村人，2008年公布的第一批温岭市非物质文化遗产项目"纸亭制作工艺"代表性传承人，2009年9月，被浙江省认定为省级非物质文化遗产项目——小人节代表性传承人。同年，他还获得浙江省"优秀民间文艺人才"称号。

骆业生并非出身纸亭制作世家，小时候，他们家三兄弟过小人节的彩亭，都是在石塘街上金花的店里订制的。前文介绍过，金花是男的，糊彩亭手艺极好，在石塘很有名气。

十三四岁时，他跟着父母到石塘老街上，去金花的店里提订制的彩亭，被彩亭的美丽迷住了，就想自己学做彩亭，父亲也支持他。第二年暑假，他15岁。父亲就将他送到金花的店里学，不算当学徒，就在店里帮忙，管饭，结束后可以拿一个彩亭回家，就这样学了两年。

骆业生学成后正值新中国成立，他又重新入校读书，一直读到高中毕业。他回到老家，曾在公社文化站工作过一年，后来因工资低放弃了。27岁时，他在打𬼤㙟街上开了爿纸扎店，以糊七月七纸亭和

骆业生生前参加市文化遗产日活动

其他纸艺谋生。一开始，他的纸扎店生意很不好，守了三四年后，生意慢慢地好起来了，人们都乐意到他的店里订纸亭。

纸亭上一般有成套的戏曲人物作为装饰，如《白蛇传》、《八仙过海》、《哪吒闹海》等，骆业生说，他最喜欢的是《大闹天宫》。他家里有一副制作纸亭上纸人人偶的模具，就是50多年前叫福建的亲戚从福建定购的，一直用到现在。

正当生意红火起来的时候，"文化大革命"开始了。那时候"破四旧"，小人节等祭祀活动首当其冲遭到禁止。那个时候的箬山公社办公场所就在陈和隆旧宅内，"造反派"曾打电话将骆业生从海门叫回来，把他关进公社的学习班中去，关了四五夜，饭都要家里送去。同时被关的有做库屋、兰盆的，还有诵经的和尚、道士，除了写保证书说以后不再扎纸亭外，还被罚款50元。那个时候，50元可不是个小数目，因为，当时纸亭只售2元钱一只（现在则要120—130元左右，三层的满金亭要卖300多元），一斤大米只要9.5分钱，一斤黄鱼只要2角钱。因此，这50元钱罚得他很是心疼。"造反派"又警告下次发现他再做纸亭的话，就送他进班房。

他做纸亭的工作只能转入地下偷偷地进行，但这不是长久之计，最后还是被迫改行做了油漆工。

改革开放后，他重操旧业，每年七月七小人节前，他就在家赶制纸亭。他糊制的纸亭造型繁杂、工艺精巧，泥偶人头造型生动，糊亭技艺在石塘当地享有较高声誉。

作为省级"非遗"传承人,近年来,骆业生积极参加温岭市组织的各项活动,如非物质文化遗产日展演活动、温岭市文博会等。2013年7月,骆业生为配合温岭市文化广电新闻出版局拍摄"非遗"专题片《石塘七夕习俗》,专门展示了他的高超技艺。同年8月,他还应邀参加了温岭市文化广电新闻出版局组织的石塘七夕习俗体验活动。他还为温岭市非物质文化遗产馆制作了纸亭、纸轿用于陈列。在骆业生的带动下,他的儿媳妇谢海兰也学会了制作彩亭,读初中的孙女骆诗翼也很有兴趣学习。可惜的是,骆业生于2014年7月3日因病去世。

3. 石塘七夕习俗温岭市级代表性传承人

陈筱祥(1947年—),石塘镇东湖村人,从小跟从父亲陈永喜学习扎彩亭、彩轿。据陈筱祥回忆,陈永喜的糊亭技艺是年轻时在福建跟人学起来的,到后来年纪大了,不能下船讨海了,就专业糊亭。陈筱祥做小人时,地方上扛台阁,道具中有许多都是陈永喜做的,如宝剑、花灯、小人戴的帽等。

至十五六岁时,陈筱祥已掌握了全套纸扎技艺。后来,为了生活,他做过多种行当,当过油漆工,也曾去讨海。据其自述,是在18岁下船讨海的。在乌狼鼓(一种船名)上讨海两年,在4号钓机走船6年,在5号钓机走船3年。钓机作业,主要是冬季钓带鱼。夏季把钓

线放到底，鳗鱼也有的，还有白梅鱼可钓。那时候的鱼大，斤把重也有。但陈筱祥讨海管讨海，在渔闲时间，始终没有扔下祖传的纸扎活儿，而且愈加下功夫钻研。

陈永喜在1971年8月13日（农历六月廿三）去世。那一年，陈筱祥26岁。

1987年，陈筱祥创作的纸扎戏曲人物《师徒取经》、《闹天宫》、《三打白骨精》、《秦香莲》、《盗仙草》、《断桥》等作品，入选在北京中国美术馆内举行的第一届中国艺术节《"画中戏"民间美术展览》（浙江纸扎艺人仅其一人作品参展），为温岭赢得了荣誉。他的纸扎鱼类花灯还在当地的评比中获过奖。

陈筱祥和他的纸扎作品

陈筱祥育有三个儿子，分别是长子陈松华、次子陈琦、三子陈松伟。只有次子陈琦，较好地继承了陈筱祥的技艺，糊亭糊得很好，里箬村陈和隆旧宅里"渔村小叙"展厅中的两个亭子（其中一个是满金亭），就是陈琦糊的。为了保存时间长一些，亭中的泥偶衣服用的是缎子。陈松华生子陈杰，2014年15岁了，陈杰对糊亭没有一点兴趣，这让陈筱祥觉得有点遗憾。

近年，陈筱祥曾受箬山小学邀请，担任七月七彩亭纸人制作的校外指导老师。陈筱祥对教学非常认真，注重教学效果，但学生动手能力强的不多，让他觉得有点遗憾。

4. 其他纸亭扎制艺人简介

郑小奶儿（1900—1984年），东角头村人。糊亭艺人郑念玉之父，享年84岁。家有三兄弟，他是老三，老大叫大奶儿，老二叫什么，郑念玉也不清楚。郑小奶儿应当有大名，但石塘人都叫他小名，这样，连其子郑念玉也不清楚他的大名叫什么。郑小奶儿的父亲就糊亭，因此，算上其子郑念玉，郑家可说是糊亭世家。

郑小奶儿在世时讲迷信，说不能拍照，所以他的个人形象照片没有留下来。郑念玉8岁时，他就教郑念玉学糊纸亭，到12岁时，除了劈毛竹因力气小没有学会外，其他的都会了，到十四五岁时，就全套技术都会了，成为郑小奶儿的手艺传人。

陈永寿（1906—1984年），陈永寿是里箬村人，据其孙子陈其兵介绍，在糊纸亭方面，他还是陈其鸿的师傅。因为七月七的纸亭用后即焚烧，过去也很少有人有照相机，所以，陈永寿糊制的彩亭是什么样子的，无法考查。他也没有留下个人影像。在林友桂著的《温岭大奏鼓》一书中，提到了陈永寿，不过，却误记作了陈英修（因闽南话"永寿"的读音接近"英修"）。书中记载，大概在1979年左右，村里的张永进7岁，陈祥卞13岁，还有陈祥豪、陈青汉、陈其兵、张永聪等几个小伙伴，他们都在箬山东方红小学读书，每天放学后，在里箬村的禹王庙（现改建为玄天上帝庙）前集中，他们以脸盆代替鼓，以渔浮代替木鱼，以锅盖代替铜钟，以竹棒、木棒作为锣槌鼓槌，开始大奏鼓表演。第二年元宵节，他们几个甚至组成了小抬阁队，陈永寿特意为他们制作了一只纸做的猴子，用毛竹固定在鼓架上，猴子的四肢用蜘蛛网般的绳子与鼓相连，因此演奏时它会随着鼓点动起来。

陈其鸿（1926—2013年），里箬村人，国家级非物质文化遗产项目大奏鼓项目的鼓传承人，林友桂著的《温岭大奏鼓》一书中有较详细小传。他的职业是"福建道士"，据林友桂记载，他会画画，会写毛笔字，会做纸亭，会做戏剧的各种盔头，会做道士的角螺，会做冥屋（即库屋），会刻糖龟印……而且这些事情他全做得很好。他家石屋门口的"瑞气盈门"四个大字也是他自己写的，他以敲鼓敲得好出名,其实锣也敲得不错。

在里箬村文化礼堂里墙上布置的陈其兵所摄的小人节照片中,我们仍可看到陈其鸿制作的纸亭模样,他的纸亭工艺较佳,其中底楼花园内的宝塔,是彩色的,从中可看出他的用心。他有五个儿子,分别是陈祥银、陈祥水、陈祥来、陈祥忠、陈祥星,其中陈祥来现已故,其他几个儿子中,陈祥银、陈祥水、陈祥星也继承了他的糊亭技艺。

梁安奶(1931年—   ),梁安奶是兴建村人,不过,因为他家里的平顶屋住了三十多年了,成了危房,所以他租住在桥头十几年,租住在东兴村上街的一间二层楼房中也有三年了。

梁安奶小时候家里贫穷,9岁时,才被父亲送到"春友先(生)"的私馆(私塾)读书,读的是《三字经》、《大学》、《论语》等,教学用语是闽南话。

至今,他还保留着七十多年前读过的《三字经》,这是当年他入私塾后读的第一本课本。这本保存下来的《三字经》图文并茂,每页上边是绣像木版画,下边是《三字经》及注解,其中,写中国历史部分,写到了元明清民国等阶段历史,如"元灭金,绝宋世。莅中国,兼戎狄。九十载,国祚废。太祖兴,国大明。号洪武,都金陵。迨成祖,迁燕京。十七世,至崇祯。权奄(阉)肆,寇如林。李闯叛,朝政紊。乞援师,吴总兵,满入关,据神京,传十世,国号清,至宣统,大宝倾,共和建，民国兴……"

放暑假时，父亲送梁安奶到石塘的纸扎艺人金花家学艺，剖毛竹啊，糊彩纸啊，师傅家只提供饭食没有工钱，到七月七前结束学艺时，自己拿一个彩亭回家过节。这样在暑期学了三年后出师，掌握了彩亭的糊制技术。

14岁时，他同一起在金花家学艺、大他一岁的徐万宝（已故）合作开了家小作坊扎纸亭卖，到16岁，他就去讨海了。1949年，他19岁。他曾在箬山的业余剧团演老旦，扮过《狸猫换太子》戏中的李太后等角色，这个剧团的所有演员都是男的，现在只剩下两个人了。

梁安奶父子糊的纸亭（右为满金亭）

过去，在七月七的前几天，人们要做糯米水圆，送给亲戚，相当于邀请亲戚到自家吃七月七，梁安奶回忆说，"文化大革命"期间，人们到亲戚家送水圆，曾有人被红卫兵拦住扔掉水圆的。但是，纸亭还是会偷偷地做，他就在三层楼上偷偷做过纸亭，人家也是在夜间偷偷地前来买亭，并在七月七的凌晨开始祭拜、烧金。

梁安奶育有七个子女，依次为梁定良、梁彩花、梁香花、梁定德、梁定招、梁菊花、梁定富。受家庭影响，这些儿女都会糊亭，十几年前，梁家还住在桥头时，梁定富就接受过笔者的采访。不过，现在梁定富在外面做生意，在箬山仍坚持着糊亭的，就剩下梁安奶和老五梁定招了。梁定招因为身体残疾，没法从事重体力劳动，所以，也就和老父一起糊一些亭养家糊口。

梁发春（1931—2014年），东山村人，小时候，到桂岙山头一家糊纸作坊学糊亭，掌握了糊亭技艺。他将手艺传给了儿子梁财庆，晚年也帮儿子扎纸亭竹骨架，2014年5月30日病逝，享年83岁。

陈其富（1940年— ），东兴村人，毕业于省文艺干校。毕业后分配到松门区电影队放电影，那时月工资只有20多元。家里有小孩后，太低的工资收入负担不起养家的重任，就转回老家糊亭。

陈其富在"文化大革命"期间偷偷糊过亭。他的老师是吴文卿，吴是中医师,针灸技术很好,与人合开过箬山联合诊所(即后来的箬山卫生院、石塘卫生院箬山分院前身)。吴是一位多才多艺的人,据陈其富回忆,吴画画的水平很好,那时候,刺绣的鞋头花、被面、枕头花、帐檐等图案,吴都会画。因为早先新娘子出嫁时,要做十几双绣花鞋,鞋面上都要绣上丹凤朝阳等图案。除了糊亭外,吴文卿还会塑佛,甚至连烹饪手艺也很好,菜烧得很好吃。吴生肖属马,比陈其富大三十多岁,他的一个儿子与陈其富是同班同学,因此,陈其富常到吴文卿家玩,跟着吴文卿学糊亭。吴看他对画画比较有兴趣,也曾经指教过他。陈其富的美术作品,曾经在县文化馆陶义锦的鼓励下去投稿,作品还被刊在《浙江日报》上。不过,后来没有坚持下去。

陈其富为晚辈过小人节

陈其富有一子三女，在其孙子16岁的前一年糊过纸亭，给孙子糊了满金亭之后，就停止了糊亭销售。停止的原因是因为糊亭收入不高，糊多了卖不出，糊少了赚不了几个钱，于是就歇业了。如今，他有时候也承接一些糊库屋的业务。

2003年，陈其富曾接受中国江南沿海村落民俗研究中日联合考察团专家陈勤建等的采访。2006年8月，浙江省作协的十几位作家走进温岭采风，《浙江日报》的编辑、作家杨新元采访了陈其富，在其所作《石塘双"亭"印象》中，介绍了陈其富其人其艺。

陈银香（1942年—　），东湖村人，黄珠义之妻，娘家东海村人。黄珠义生肖属猪，比陈银香大7岁，68岁时就去世了。

黄珠义的父亲黄良桂（1906—1959年）主要职业是"福建道士"，吹唢呐很有名，《温岭大奏鼓》一书中有专门介绍，据说"除四害"时，他吹的唢呐被当作统一行动的号角。他也曾参加过县里的吹唢呐比赛，得了第二名。

黄良桂、黄珠义在世时都糊亭，两人还会糊库屋。黄珠义在世时，陈银香帮丈夫打下手，学会了糊亭。丈夫去世后，她自己在家继续慢慢糊，她说自己糊亭速度慢。她育有四女一子，儿子2014年时43岁。小女儿嫁在桂岙村，在冷冻厂工作，有时候也帮她糊亭。但是就是这样，一年也只能糊100多只，而向她订购纸亭的人较多，常常供不上货，所以她回绝了不少顾客。

陈银香没有糊过三层的满金亭，她糊的纸亭，现在在东海天后宫内墙上也有陈列。

徐彩娥（1943年—　），徐彩娥娘家松门镇，19岁时嫁给石塘新村村郭乌玉。郭乌玉16岁时就进了镇里的石塘渔塑厂工作，徐彩娥嫁过来后，也进了这个厂工作。

他们夫妻俩育有三个子女，分别是郭丽琴、郭海双、郭海波，其中郭海波曾师从郭光兴师傅学做纸扎，库屋、兰盆、花圈都会做。

徐彩娥与孙女在糊亭

郭海波结婚后也在做纸亭，忙的时间，有时候要连夜赶工到天亮，因此，徐彩娥就帮他一起做。因为感觉糊亭收入低，几年前，郭海波转业开柳州五菱跑运输了。儿子歇业后，徐彩娥觉得原来的糊纸店业务抛掉可惜，自己本来就在忙时帮着儿子糊过纸亭，糊纸亭的收入，对于老人来说则还可以，徐彩娥就自己接过来，成为专业糊亭艺人，算起来，至今她糊亭也有十几年了。

虽然说是半路出家学糊亭，且年纪也大了，但是徐彩娥却非常好学，不断琢磨改进自己的糊亭技艺。

在纸亭上，她装饰的是绢人，她做的绢人，以《童子拜观音》、《狸猫换太子》等题材为多，她自己说是孙悟空在石塘不作兴，石塘人更喜欢观世音形象，这一点与箬山那边较多以《西游记》为题材不同。

她所做的观世音，做成坐莲台的形式，是参照观世音的图片做的。下面的莲花瓣，是从路桥市场买来的。她自己将买来的莲花拆开，重新拼接成莲花台。这样既省料，又好看。

她做的纸轿满金轿上，也装饰有莲花瓣，十分好看。

她刻的绢人头盔样式非常多，做工精细，与其他简单一些的做法相比，笔者觉得徐彩娥做得精细多了。

徐彩娥对技艺精益求精，注重创新。为了做好绢人，她曾向郭光兴师傅要过泥偶头模，也曾向桂岙山头的一位艺人购过头模。笔者

在采访她时，曾提起要去泉州实地考察，她当即委托笔者留意一下，如在泉州那边看到头模帮她想方设法买几个。当然，在泉州发现那边的纸亭上，没有像温岭这样的戏曲人物泥头纸人、绢人，在惠安崇武古城里看到的纸亭上，也仅有七娘夫人的七个纸人，精细程度还不如温岭石塘的。

2014年，徐彩娥结识了箬山的糊亭名手陈筱祥，还曾和丈夫一起去陈筱祥家真诚求教。陈筱祥对她这种虚心学习、孜孜不倦的精神，很是佩服。

徐彩娥糊的纸亭，不但石塘人喜欢，箬山、石苍岙等处的人，也常慕名前来求购。笔者就亲眼看到两位从箬山赶来求购的。

郭光兴（1946年— ），石塘镇海滨村人。郭光兴自己有兄弟姐妹四人，他排行老三。他没有专门拜师学过艺，自称手艺是"东望西望望来的"。原来，他在13岁时，在糊亭名师金花的作坊里帮忙。那时候金花的店在桥头里，前面有一口石头水井，金花的屋是两层矮屋。"金花比我还要矮，还要壮。他的顺手（右手）不会动了，左手用毛笔描，用剪刀剪。金花的老师名字叫咱袍（音），如果活到现在大概有百把岁了。我也没有见过咱袍。"

那时候，蛮多的小孩子帮金花糊亭，坐起来一排的。金花的一个徒弟叫庄阿秋，是五村人，即东角头村人，他剪、画什么的都会，画得很好，是一把好手，那个时候，郭光兴13岁，庄阿秋18岁，郭光兴做泥偶人头是跟金花的徒弟庄阿秋学的。庄阿秋19岁那年在睡觉时口吐白沫去世了，据说是得了一种叫白喉的毛病。

郭光兴14岁时就自己开店了，店铺就在石塘老镇政府边上，那时候的镇政府不在白岭头，就在海滨村，他把一位叫念章的老师傅叫来帮忙，但是念章不会做泥偶头。

念章可能是姓郑的，当过国民党政府统治时的保长，被抓去劳改过，后从北方劳改地转回石塘。

当时的糊亭人还有阿玉，也是六村人，在小学边上。还有郑小奶儿，他糊的亭卖得比人家稍便宜些。"文化大革命"期间，只剩下他和郑小奶儿两户在做了。

当时，人们做"关"、"桥"等还是比较多的，因为当时医疗条件还比较差，生病了，只有青霉素等抗生素，那时候的人很少打针，还是习惯用中药。人们相信，毛病生起来是因为关、桥过不去，所以要买关、桥等过一下，大人和小人都可以用。关是四方的，纸糊起来，中间剪一扇门，上边不写字的。

"文化大革命"期间，在石塘，郭光兴因为糊亭被冲击过多次，镇里工作人员把他的图样、印版，包括七娘夫人印版、花纹印版都给缴去了。花纹的印版是印花纹用的，因为自己剪纸速度慢，印的话速度快。

郭光兴擅长剪纸，在向笔者展示时，他凭记忆就剪了云头、葫芦顶等多种花样。

郭光兴38岁以前也是讨海的，讨海一般都在冬天去，夏天在家休息做亭，讨海时做亭少。他38岁时，因走胡梯时，一只眼睛被碰伤，此后才专心做亭，一年糊四百个左右，不够卖，再多做一些，还是供不应求。最多时，一年做500多个。当然，也不光是他一个人做，还有妻子杨玉彩、长女郭暗鸣、次女郭爱琴及儿子郭红云等，加上亲戚、邻居帮忙，甚至还有朋友的儿子也来帮忙，吃饭的时候可以坐两桌。为了鼓励大家，郭光兴会买一些水果犒劳大家。他家里地方小，没

郭光兴改行后游览了不少国家

有地方可以摆糊亭的材料，连睡觉的床，都成了作坊的工场，纸放床上，泥偶人头做起来放床上，家里东西很多，泥偶小人头一桶桶地放着，自己则打地铺睡在地板上。

郭光兴将三个子女都分了工，如长女郭暗鸣、次女郭爱琴两个做泥人头，开脸描容等，儿子郭红云则扎骨架，糊纸等。郭红云回忆说，小时候，暑假时，别的孩子可以有时间玩，他虽然也想出去玩，但家里还有一些小朋友来帮忙，出去玩总不好意思，就只有待在家里帮父亲糊亭。

郭光兴糊亭技艺非常熟练，据他自述，他做泥偶头，做得很快，一上午就可以印两三百个，因为从小做这个，很熟练了。其他糊亭人一般都用硬刀破毛竹，而郭光兴则习惯用斧头破竹，破竹时，两脚夹住毛竹下端，手持斧头破竹，破得均匀。他的手曾被斧头划伤过。

1990年，温岭举办第一届海鲜节时，曾经举行过彩灯比赛，郭光兴也参与了，他用了两个多月时间，以纸亭的样式，将两个纸亭合成为一个六角形的三层的塔状彩灯，上边装饰了《八仙过海》，安上73盏节日灯送展，获得一等奖，奖状贴在石塘的老屋里，当时彩灯的照片也没有留下来，多年以后，郭光兴觉得这很可惜。

如今，因为郭光兴的后代都很有出息，他的晚年生活很愉快。这些年来，他走了国内许多地方，如五台山去过三四次，福建鼓浪屿去过四次，赤峰、承德、呼和浩特、东三省、山西、台湾、香港、澳门都去过，他还买了数码相机，跟着子女多次出国，去过的地方有奥地利、瑞士、意大利、梵蒂冈、列支敦士登，还有韩国、新加坡、印度尼西亚、越南、缅甸、阿拉伯联合酋长国。2014年2月1日大年初一，他在迪拜过年。家人一起留影的照片，不少均塑封留念，他展示给笔者看，看都看不完。

郭光兴带过几十个徒弟，其中郭修灵和郭海波都跟他学了六七年，郭修灵学得较好，也开过店糊过亭，后来郭光兴将他招进厂里帮忙，现在有四十六七岁了。对于徒弟中的林仁敏和郭海波的改行，郭光兴觉得很好理解。

郭光兴有个愿望，想在闲暇时，把亭再做起来，给家里的孙辈看看，让他们知道亭是怎么个做法。

陈其权（1946年—　），东兴村人，小时候住在打爿舀街上，后移居东角头（箬山的东角头），再后来移居到现居住的后门岩，在这住了30多年。小时候，他读书时，学校办在打爿舀禹王庙里。那个时候，禹王庙前还都是海，潮水涨上来时，在教室里都可以捉蟹。读到三年级时，他转到北山头的箬山小学读书。因为与骆业生是邻居，小时候，在假期，他帮着骆业生做纸扎彩亭（做完后骆会赠送一个彩亭给他过小人节），就这样，耳濡目染，也学会了扎制小人节彩亭。除了会扎彩亭外，他年轻时还积极参与村里的闹元宵活动，做台阁也很拿手。

长大后，陈其权当过开岩师傅。到他30岁左右时，箬山通了电，他就改行做电工，为人们敷设室内的电路。在二十几年前，他到一户人家敷设电线时，因为其家里铺的是光滑的大理石，他顺着竹梯爬上去，手里拿着电钻在墙上钻洞，用力过猛，竹梯底部滑动梯子倒地，他从梯上跌下来，结果把左脚给摔骨折了，落下残疾，干不了重体力活，他就想起来糊亭卖。

陈其权糊亭，亭上的戏曲题材以《大闹天宫》最多，他说《白蛇传》人物太简单，没意思。

陈其权一年糊的亭不多，约80多个，近年，他年纪大了，糊得少了。

因为他是扛台阁活动的积极参与者，擅长制作台阁，所以，箬山小学就请他来校担任台阁制作的老师。箬山小学建立小人节陈列室，也请他糊了两个纸亭陈列其中。

郑念玉（1948年—　），石塘镇东角头村人，现居石塘镇渔市街7号。

郑念玉七八岁就跟其父郑小奶儿糊亭，12岁就基本学会了糊亭全套功夫，除了劈毛竹，到十四五岁就全套都会了。

郑念玉糊亭比较注重传统，他经历过糊亭的各个时期，用蜡光纸、皱纹纸、缎都糊过。过去没有热熔胶枪时，缎布做绢人衣服，要粘在篾条上很难，要先将缎布裱褙在白纸上。这两三年间，郑念玉才用上了热熔胶枪，直接就可以将缎粘上去了。

郑念玉感叹，按传统老式的做法，太花时间了，赚不了钱。如过去的纸亭底层边上花园里的"凉亭"和"宝塔"不是现成的贴纸贴上去的，而是自己画起来的，现在是有现成的贴纸（也就三四年时间），不用自己画了。

过去，纸亭底层后背里装的是七娘夫人的泥偶头人像，不像现在只贴一张七娘夫人的版画像就可以了。郑念玉记得是他在十四五岁时才用版画像代替的，在此之前，还是用立体的泥偶纸人。

郑念玉糊的彩亭在箬山寄售

郑念玉说，石塘满金亭一般都两层，因为价钱问题，很少有人做三层的。普通的128元左右一只，满金亭138元，做一个亭要四天左右时间（还不算印泥人头的时间），要成批做才能划算。单单做观世音就要花一天时间，石塘这边就信观世音，观世音有求必应。一定要花细工夫。

郑念玉自述做过《封神榜》里的《姜子牙收三霄》、《哪吒闹海》、《虎牢关》和《西游记》里的《真假孙悟空》等戏曲人物，但现在为了省事，只做《童子拜观音》这一种。

温岭举办了两次曙光节，各地的游客前来石塘，郑念玉的手艺，很为游客所称道。

2014年，郑念玉糊了150个左右纸亭，纸轿20顶，其中满金轿十五六顶，闲轿只有四五顶，七娘妈座70个，与2013年差不多。

给笔者的印象，郑念玉不喜欢抛头露面，镇里曾叫他去参加展示活动，他也以忙碌为由推掉了。他做的亭比较传统，一些新材料的运用，似乎也比别人迟一两拍，如热熔胶的使用，他就似乎迟一些。

梁财庆（1957年—　　），东山村人，梁发春之子。

梁财庆用的七娘夫人雕版，是自己刻的，先请人在樟木板上画上图案，再自己刻。他心灵手巧，纸亭底层花园里装饰的五层塔印

梁财庆全家忙着糊纸亭

模，也是他自己刻的。

　　他不是木匠师傅，但是，家里的小桌，也是自己做的，印糖龟用的木印，也是自己刻的。

　　陈其和（1964年—　　），胜海村人。陈其和是温岭市盛舟制冰厂厂长，这家厂是为接鲜船制冰充冰的，平常业务较忙。

　　陈其和目前年糊亭仅二三十只，并不打算靠这个赚钱，只是兴趣爱好使然。

　　他的祖父陈圆眼就是糊亭艺人，祖父80多岁去世，而其父陈兆坤也继承了糊亭技艺。据陈其和介绍，箬山不少糊亭人，都曾师承其父。

陈其和自己办厂

　　陈兆坤育有四子两女，陈其和是最小的一个孩子，他的哥哥、姐姐都没有传承糊亭技艺。而陈其和却在耳濡目染下学会了糊亭，不过，他18岁后到供销社工作，糊亭是后来的事了。

　　陈其和夫妇于1988年生育了龙凤胎，此后，陈其和每年都为子女糊纸亭，到子女长到16岁那一年，他分别糊了一座满金亭和一顶满金轿，这座满金亭与别人的满金亭不同的是，它有五层高，而一般人糊的最多也只有三层高。

陈其和糊亭，制作泥偶头，所用的原料有未烧制的泥模和桐油灰模，其中桐油灰模，将青丝泥填充进模具中后，用竹签挑出来，这与梁财庆的做法相同，按陈其和的说法，其父亲即用此法做泥人头。

陈其和回忆其父所糊的纸亭上，上边的偶人，原来用缎做衣服，因为缎不方便粘贴，后来改由皱纸。他说，其父所制作的纸人，坐骑如虎、狮子都很生动（可能指《封神演义》人物），到他糊亭时，有胡须的、复杂一些的纸人都不做了。他认为自己的技艺与父亲相比，差很多。对于传承也持悲观态度，认为现在制作的纸亭，精细程度大不如前。

[贰]濒危状况

石塘七夕习俗（小人节）的发展与社会经济、政治、文化的发展相关联，这一习俗在传承过程中，也不可避免地受到时代的影响而发生着相应的变化。但是，即便是经历了"文化大革命"的冲击，民间艺人被禁止糊制纸亭，甚至有些艺人被抓去游街示众，但是作为一种民间习俗，小人节还是展示了其顽强的生命力。人们还是偷偷地糊制纸亭，还是开展祭祀活动，并因此将原先放在七月七当天下午举行的祭祀仪式，提早到早上四五点钟或五六点钟举行。所以今天的祭祀仪式，一般都在七月七凌晨及上午进行。

但是，我们还是要警惕石塘七夕的濒危状况，避免坎门"礼七姑"习俗式微的现象在温岭重现。

据记载,温岭的邻县玉环县坎门镇,20世纪50年代,当地闽南籍人家还有"礼七姑"的习俗,这一习俗与石塘、箬山的小人节大同小异,在七月七到来之前,都为年达16岁的子女购置一个七娘亭。七娘亭以竹篾扎制成半立体状,或二层,或三层,高可达三尺,宽二尺左右,糊以彩纸,上边插置"八仙过海"、"麻姑献寿"、"刘海"等故事人物的纸像,并把织女的形象放在显要的地位。人们设馔醴,置水酒,隆重礼拜,称作"礼七姑"。但是这一习俗,在20世纪50年代中期已渐衰落,《玉环县志》记载:"闽籍人为子女购置纸亭,设馔备醴以祭祀,并请老师、义父或长辈起正名,行及丁礼,俗称拜七娘亭。至60年代后渐不传。唯亲友买巧酥互赠,俗称送巧人之俗仍行。"

温岭石塘、箬山一带的小人节,是否会像坎门一样"渐不传"?这个问题我们很难回答。因为,原先,石塘、箬山交通不便,相对封闭,人口流动少,古老的习俗传统因此能得到较好的传承。但是时至今日,随着交通条件改善,商品经济发展,人口流动趋势加快,信仰基督教人口增多,还有糊亭工艺的式微,这些因素,都对小人节习俗的传承带来影响。

1. 基督教兴起影响传统节俗传承

基督教传入温岭有140多年的历史。据《温岭基督教简史》一书记载,基督教传入温岭,是在1873年(清同治十二年)。由英籍牧师路惠理、列志存首先来县传教，设立基督教内地会，并在城内当街井后张租民房三间为布道所。1880年（清光绪六年），信徒人数稍增后就在城内上司前买民房三间为布道所。此后，美籍传教士魏伦理·巴秀清，本国传道人宗友会、余徐氏等相继来县传道。1898年，在北门头购地2.73亩，于1905年始建教堂4间（计208平方米），次年续建二层楼房8间（计475平方米），平房6间（计88平方米），时称中华基督教太平堂。1985年迁建到瓦屿山，称温岭堂。2003年又迁建大合山原药厂旧址。

1899年前后，基督教从太平传入海滨渔镇石塘。最先来石塘布道的是英籍传教士，后由松门缪笃才先生来石塘主持教会的日常事务。20年代初，王阿忠、庄应送等七个石塘人接受了福音。1920年左右，宁海的娄子廉先生携妻带女迁居石塘，专门服侍主。他的父亲和岳父张楚芳都是虔诚的基督徒。在娄先生及信徒们的努力以及在唐振声牧师帮助下，信徒同心乐意奉献，于1929年教堂建成（建筑面积220平方米），此时，娄先生是教会负责人，庄小从是司库。以后陆续有外国传教士和本国的教牧人员来石塘开"奋兴会"、"查经会"、"培灵会"，其中有步之美女士、顾仁恩牧师、郏子章牧师、贝女士（瑞士人）、祝宝庆牧师、林道志牧师、侯仁方牧师、谢能卿牧师、赵世光牧师、徐保罗牧师等。此时石塘教会信徒猛增，并组织布道团，奔赴各岙。还培养了一批神的忠心仆人，如江贤炳、林火春、叶贤青、郭阿春等，还分别在打爿岙、石苍岙、杨柳坑等地建立教会，钓浜各岙教堂也是从石塘堂分出去的。

1937年9月，宋尚节博士到石塘传教。1951年教堂全面停止聚会，石塘堂也不例外，但石塘教会家庭聚会一直没有停过。

1957年，陈灵浸从南京神学院回来，教堂曾开会聚会10个月，后来又停止了。"文化大革命"期间一直在林同保家聚会。

1984年，通过落实政策，归还教产，教会全面恢复。

1993年6月7日，伯特利堂竣工，建筑面积3614平方米。

在箬山这边，20世纪二三十年代，基督教传入。此时，在邻近的石塘早已建立教堂，一批20多岁的渔夫、渔妇，翻山越岭到石塘听道。30年代中期，整个箬山包括桂岙已有42户人家信主，而且都是十分贫苦的青年渔民。在没有外国差会资助的情况下，信徒奉献260枚银圆动手建堂，选址在打爿岙东头岭脚（今东兴村）建成5间二层楼教堂，建筑面积近400平方米，总共花了1600枚银圆。当时，这座教堂在当地颇为"洋气"，也是1949年前全县较大的教堂之一（原属内地会）。1948年，教会负责人陈兆锦先生从台湾运来一批当时极为稀罕、号称洋灰的水泥，把教堂的地坪浇成水门汀地面。

"据调查，在石塘，凡是渔民，都有自己的信仰。没有任何信仰者基本不存在。在信仰群体中，约30%是基督徒，而70%是民间海洋信仰者（含佛、道），显见，民间海洋信仰者占了大部分。但需要注意

箬山打爿岙老基督教堂

左边人家在过小人节，而右边基督教家庭则不过小人节

的是，基督教信仰群体趋蔓延之势，如海滨村约有50%的人为基督徒。"（高飞、孟令国《混沌与秩序——石塘民间海洋信仰调查与研究》，摘自《汉学研究与中国社会科学的推进》一书）高飞、孟令国关于石塘信仰基督教者有30%的数据，系引用温岭市宗教事务局2007年的一份官方调查报告："民间信仰与基督教之间迥异的文化、宗教模式，以及排斥性的信仰竞争，决定了二者冲突的必然性。基督教凭借其更强大的组织力，更严密的教义教规，更虔诚、更积极传教的教徒，吸引了很多民间信仰者的皈依。石塘此类情况十分突出。在基督教的渗透下，约有三成的石塘民众成为基督教徒。"

正如高飞、孟令国所论的那样，近年来，基督教信仰群体正在不断蔓延，在原箬山镇境内，据老家在东兴村的石塘镇干部陈其胜介绍，箬山有基督教堂两所，石苍呑则有三所，教堂分布的多寡一定程度上也反映了基督教传播的普及面大小。

在箬山当地，人们将相信基督教的人称为"吃教人"，而将信仰佛道的其他人称为"外教人"。在箬山，石塘七夕习俗的国家级传承人陈其才将基督教称为"懒惰教"，因为加入到基督教徒群体中，就无须操办小人节等传统民俗事项了，这些活动都省去了。

宗教信仰的改变，必然会对小人节等传统节俗的传承带来巨大影响。

2. 糊亭民间艺人传人难续

石塘七夕习俗（小人节）必备的祭祀品是纸亭（纸轿或七娘妈

座），其中以纸亭造型最为复杂，也最费工时，它的制作技艺，涉及篾作、泥塑、剪纸、绘画等方方面面，没有一定的耐心和细致精神，是难以学好的。这一手艺的传承与社会经济的发展密切相关，即便是现在，许多原料如彩纸可用印刷品代替，但是大部分的糊制手艺，还是手工制作，糊纸亭工序繁杂，而现在人工费用上升，但是纸亭又不能涨价太多。如2014年时，石塘徐彩娥制作的纸亭，普通的和16岁时用的满金亭，只售118元和128元。箬山那边满金亭一般是三层，价格要高许多，像梁财庆受人委托定制的，一个要300多元。徐彩娥糊制的仅加插一些泥偶，价格卖不高，但是买主还是觉得贵。要不是年岁大了，没有别的生活可做，徐彩娥可能不会坚守下去。

纸亭制作费工费时，相对来说，制作人的收入就显得微薄，糊亭艺人均感觉从经济角度来说，没有前景，因此，许多原先从事这一行当的艺人退出了。如石塘镇海滨村的郭光兴师傅，他生于1946年，从14岁时就独立开店经营糊亭，手艺在石塘屈指可数，所糊纸亭非常畅销，年糊亭数量最高时曾达到500多只。但是，1994年，他就退出了这一行，因为当时，糊亭业已走下坡路，此时，其子女已长大办厂做生意，他就转行做别的工作了。而他的几个徒弟，如郭修灵、郭海波、林仁敏等，也在数年后先后改行。林仁敏2014年时44岁，他回忆说，在19岁高中毕业后，他就跟郭光兴师傅学纸扎技艺，学成后就独立开店。刚开始时，只做三四十个纸亭，后来技艺纯熟了，就越做越多，

郭光兴（后排左二）家老照片，糊亭曾养活这么一大家人

最多的一年（大概十年前），做了四百多个纸亭，一般每年做三百多个，一个人忙不过来时，他妹妹也帮他做。

林仁敏自从家里造了新屋后，就不再做纸亭了，因为做纸亭赚头少，"100多元钱一只，做个百把只的话，只有万把元收入。现在独生子女多，小孩子比过去少了，加上信基督教的家庭不过七月七，做亭生意不景气，一年赚不到多少钱。"林仁敏坦言，收入少是其歇业的主要原因。

还有的一些年事已高的糊亭民间艺人陆续去世，这些掌握纸亭糊制技艺的老人，平生大部分时间都放在糊亭上，从事糊亭技艺已有许多年，他们的晚辈有的也学得了相关技艺，但超过师傅的并不多，有的晚辈则没有兴趣从事这门手艺，这让糊亭手艺的传承亮起了红灯。

2013年2月1日，里箬村的大奏鼓传承人同时也是糊亭艺人陈其鸿去世，享年87岁。2014年5月30日（农历五月初二），东山村的糊亭老艺人梁发春病逝，享年83岁。2014年7月3日（农历六月初七），石塘七夕习俗的重要代表艺人、省级非物质文化遗产传承人骆业生过世，享年80岁。这些传承人的陆续去世，无疑是七月七纸亭糊制技艺的极大损失。

目前仍在坚守糊亭行业的民间艺人，大多年事偏高，如：梁安奶84岁、徐彩娥72岁、陈其权69岁、陈祥银67岁、郑念玉66岁……东湖村的糊亭艺人陈筱祥67岁，不过，现在糊得多的是库屋，纸亭则基本上不糊了。 其他的几位：梁财庆58岁、梁定招54岁……属中坚力量了。

不过，古老的纸亭扎制技艺独有魅力还是吸引了一些年轻人。石塘海滨村21岁的小伙子曾悦华就是其中一位。他对制船模、糊纸亭、画鲨壳画等各类民间艺术都挺有兴趣，海滨村这两年扛台阁活动，台阁上装饰的花，都出自他的手。他还和几位同学合写了一本有关温岭船文化的书稿。他常常去陈筱祥、陈祥来（东湖村人）、陈祥荣等箬山民间艺术家家里请教。2013年，他自己动手学做了一只纸亭，2014年则做了两只纸亭，其中一只送给表哥的女儿了。

影响小人节这一习俗传承的，还有人口的迁徙因素。由于交通条

四、传承与保护

郑念玉在糊亭

徐彩娥在制作彩亭

陈银香与她制作的彩亭

梁安奶正在插泥偶

陈其富在糊库屋

陈其胜（左）在向日本专家介绍箬山民俗

件的改善，社会经济的发展，搬离原居住地，到外边工作生活的石塘人、箬山人越来越多，许多人离开老家后，一些旧的习俗也不再沿袭了，当然，听说也有居住到温岭市区、松门等地的石塘人、箬山人，仍然坚持为小孩子过小人节的，有的人家特意转回老家做七月七，有的

骆业生在做泥偶

梁财庆在糊满金亭

陈其和在做泥偶

陈其才平日爱好收藏

则从石塘、箬山买亭回去烧，但不可否认的是，不少人在离开原民俗文化圈后，就终止了做七月七。

郭光兴师傅的第三代做七月七的情况，就是一个很好的例子。他的外孙林骏，2014年25岁，是大女儿郭暗鸣的儿子，林骏从小做七月七，一直做到16岁。林骏有个妹妹2014年时10岁，她就从来没有过过小人节。郭光兴的大孙子出生在北京，2014年13岁，读初一，从来没有过过小人节。孙女也在北京出生，上幼儿园在北京，到2014年上小学才转回温岭。因为他们一家在外地创业，有时住在上马，有时住在北京，在外地就不方便过节了。

像郭光兴家这样由于移居外地后不做小人节的，应当也有许

曾悦华做的彩亭

多，从糊亭艺人销售纸亭（纸轿、七娘妈座）的数量也能看出来。郭光兴师傅最多的一年仅他家就糊制销售了500多个彩亭，这数量远远超出了石塘片现在还在糊亭的徐彩娥、郑念玉两人的年糊制数（当然也与计划生育政策实施后，独生子女家庭增多有关）。

还有的影响因素，可能是年

轻一辈对传统习俗的淡漠，怕麻烦，觉得这一习俗可有可无。

未来石塘、箬山的小人节，是否会日趋式微，很难预料。但是，必须有一种文化自觉意识，认识其历史价值、文化价值等多种价值，才有助于我们保护好这一传统习俗。

[叁]保护措施

1. 展馆、教育基地、亲历活动

小人节作为源自闽南的七夕传统习俗，历经数百年的传承，至今仍在石塘箬山一带代代相传着。虽然在"文化大革命"期间，它曾被当作"破四旧"的对象，而受到打压，糊亭艺人受到冲击，人们不得

台州图书馆曾举办小人节图片展

不偷偷做七月七。但随着"文化大革命"的结束，社会生活逐步恢复正常，传统的习俗不再被当作打击封建迷信的对象，特别是进入新世纪后，随着人们保护非物质文化遗产意识的增强，小人节受到越来越多的关注，且相继进入各级非物质文化遗产保护名录，成为温岭仅有的两个国家级非物质文化遗产项目之一。

加强对石塘七夕小人节习俗的介绍、研究，是保护的前提。小人节开始进入公众视野可能早在20世纪90年代。笔者现在所能看到的最早一篇介绍石塘小人节的报道是温岭市委报道组原组长吴茂云于1997年8月13日发表在《浙江日报》上的《箬山"人小节"》（可能更早的也有，比如说《台州日报》有可能在更早时刊载过相关报道，但《台州日报》20世纪八九十年代还没有电子报可供查询），这篇报道粗略地介绍箬山"小人节"的习俗特色，包括祭拜仪式过程与历史背景。随后，报刊上有关石塘、箬山小人节的介绍，才逐渐多起来，但报刊上的许多报道，都是泛泛而谈，简单介绍小人节祭拜仪式、特色等内容，或者是糊亭艺人的生活状态报道，未能更深入揭示小人节背后深厚的文化底蕴。

台州本地民俗学者也关注小人节等传统节日习俗的保护工作，2008年8月6日（农历七月初六七夕之前夜），台州市民间文艺家协会主办的台州市传统节日习俗研讨会在石塘镇箬山举行，来自椒江、临海、天台、仙居、三门、温岭等地的民俗专家聚首共话台州传统节日习俗。

　　台州市民间文艺家协会主席任志强认为，流传至今的台州传统民间节日习俗是民间节日的精华，台州市民间文艺家协会将把保护推广民间传统节日作为2008年的重点工作。

　　在此次研讨会上，石塘镇文体站陈其胜向大家介绍了石塘小人节的来龙去脉，专家们建议争取将石塘镇申报为浙江省传统节日保护基地。台州市民间文艺家协会副主席、温岭市民间文艺家协会主席林迪新介绍了石塘镇粗沙头村正月十五夜跳火（即跨火盆）、泽国三月三迎会、温岭各地的五月十三关庙庙会等传统节日习俗。台州市民间文艺家协会副主席李秋宁认为，台州节日习俗文化分为渔区节

浙江省文化厅副厅长柳河考察小人节

日习俗和平原山区节日习俗，对传统节日的文化价值要认真审视，浙江省年初公布了18个传统节日保护基地，正是认识到传统节日习俗的宝贵文化价值。我们要想方设法通过学校教学，使青少年了解家乡的节日习俗，了解自己的家乡文化，另外，新闻媒体也要正确引导群众认识传统节日。会上决定，"送大暑船"、"小人节"、"天台状元游街"、"仙居庙会"等四项节俗开始申报浙江省传统节俗保护。

2014年年尾，继2008年1月浙江省公布首批传统节日保护基地之后，浙江省文化厅颁布了包括鄞州咸祥渔棉会、景宁尝新节等35个地方为第二批浙江省传统节日保护基地。其中温岭有两个项目入选，即泽国镇（泽国三月三迎神赛会）和石塘镇（石塘七夕习俗）。

2012年，温岭市文化广电新闻出版局组织举办体验小人节活动

　　加强对中小学生的乡土文化教育，是传承非物质文化遗产的重要环节。小人节相关内容，很早就走进石塘、箬山当地的校本教材。早在2003年，石塘中学就出版了《美丽的石塘》校本教材，这本校本教材包括"走进石塘"、"石塘景观"、"石塘风情"、"民间传说"、"石塘人家"等篇章，其中在"石塘风情"一章中，有《七月七》一篇；在"石塘人家"一章中，有《民间纸扎艺人陈筱祥》一篇。2004年，箬山中学（该校现已撤并入石塘镇中学）就编辑出版了校本教材《艺术》，该教材分"前言·走进箬山"、"美术篇·箬山民间工艺"、"美术篇·海派绘画"、"音乐篇·石塘大奏鼓"、"音乐篇·民歌"、"音乐篇·歌谣·民谣"、"音乐篇·现代创作歌曲"等章节，其中"美术篇·箬山民间工艺"中又分述了剪纸艺术、船模艺术、贝壳彩绘、纸扎艺术等民间工艺，纸扎艺术这一节中，介绍了箬山东湖村纸扎艺人陈筱祥的艺术成就和小人节用泥偶头纸人的制作方法。

原箬山中学校本教材

　　箬山小学是箬山区域内现存的唯一一所学校，2014年，据校长冯尚存，副校长徐云芬、黄琴芬等介绍，近年，该校致力探索研究创建特色海韵校园，为深入挖掘本土资源，该校集结教师力量，编写了反映石塘箬山风情风貌、民风民俗的校本教材"海韵箬山"系列丛书，于2013年9月开始使用。这套书分六册，每学年一册。第一分册为《海之歌》，引领学生唱诵闽风歌谣；第二分册为《海之作》，引领学生参与丰富多彩的海洋劳作；第三分册为《海之味》，引领学生饱览独具风味的饮食文化；第四分册是《海之史》，引领学生领略古朴醇厚的人文景观；第五分册是《海之节》，引领学生重温缤纷多彩的特色节日（如七月七）；第六分册为《海之艺》，引领学生开展丰富活

陈筱祥在箬山小学传授泥偶制作技艺

泼的艺术创作。笔者看到，在这套书中，箬山的民风民俗、名人名家等都有篇章，如第六分册中，就有大奏鼓、扛台阁、海洋剪纸、七夕习俗、伴歌、贝雕、船模工艺等介绍，让同学们从小接触认识家乡丰富多彩的非物质文化遗产。每周三下午，都有一节课开展海韵艺术社团活动，除了本校老师任教外，还聘请了陈筱祥、陈祥荣、陈其权等民间艺人前来任教。该校还建立了一个箬山七夕习俗陈列室。在陈列室中，既有七夕习俗的介绍，还有特邀糊亭艺人陈其权糊制的两个纸亭，以及同学们跟陈筱祥师傅学习制作的纸亭上插着的纸人习作。

2014年6月3日下午，该校在东湖校区又举行了一场别开生面的"最美渔娃"展风采活动，学校在前后两个操场上都安排了展示活动，让人目不暇接。前面的大操场上，从东到西，依次有海洋剪纸、渔娃贝雕、欢乐元宵、巧手七夕、海洋船模、地方劳作等板块，后操场上展示的"舌尖上的箬山"则是有滋有味的美食。其中"巧手七夕"展示的是七月七小人节彩亭制作技艺。由陈其权先生扎制的两只纸亭，一摆出来就吸引了许多小同学前来观赏。在边上传授指导彩亭上泥偶纸人制作的是东湖村的糊亭艺人陈筱祥。跟陈筱祥学习纸扎艺术的箬山小学学生，都是五六年级的女同学。一开始有三十多位，不过，陈筱祥介绍说，一直坚持下来学习的只剩下16个了。他希望能有更多的同学（包括男同学）能跟他学习，将小人节彩亭制作技艺传下去。泥偶的头是现成做好的，骨架也是准备好的，这几位参与展示技艺的女同学，主要任务就是给泥偶"穿衣戴帽"，粘上符合偶像身份的各色绢纸，贴上头饰，装上手、脚（纸做的）等。孙悟空、观世音……最后，一个个栩栩如生的泥偶就在同学们的巧手下完成了。

2012年，石塘镇中心小学被列入"台州市首批非物质文化遗产传承教学基地"（石塘小人节）名单，并建成小人节陈列室，聘请糊亭艺人徐彩娥为指导老师。

建立展览馆、举办专题展览也是宣传石塘七夕习俗的有效做法。温岭市文化部门还将七月七小人节的内容在温岭市海洋民俗博物馆、千禧阳光文化创意园区内的温岭市非物质文化遗产展馆内展示。

温岭市海洋民俗博物馆于2010年3月25日上午开馆，设在石塘镇

箬山小学的同学们做的泥偶

里箬村温岭市级文物保护单位陈和隆旧宅内（现为省级文保单位）。

　　陈和隆旧宅是渔业资本家陈和隆的旧居，为木石结构建筑群，占地面积1143平方米。因年久失修、建筑受损严重，2005年开始，温岭市文化广电新闻出版局拨款维修陈和隆旧宅，在历时四年分三期维修后，温岭市文化广电新闻出版局、石塘镇又联合在旧宅内筹建温岭市海洋民俗博物馆，使这一文保单位更好地发挥社会作用。在馆内，人们可以看到一系列反映石塘自然风光、建筑特色、民俗风情等的陈列图片和200多件实物，系统了解石塘海洋民俗文化。其中关于小人节的部分，除了图片展示外，还有与小人节相关的五果六菜台、糖龟印等实物以及陈筱祥之子陈琦应邀特制的两只纸亭和彩轿，其中三层的满金亭，制作考究，上边插的是绢人，底楼前还铺设了台阶，两边的"花园"还有牧童坐在牛背上吹笛的造型（这在商品纸亭中是没有的），"七娘宫"里的七娘夫人也是用泥偶制作的。另一只纸亭则只贴七娘夫人版画一张。

　　为展示温岭全市部分精彩"非遗"项目风采，温岭市文化广电新闻出版局与千禧阳光创意园合作，在温岭市万寿路258号千禧阳光文化创意园大厅三楼，设立了温岭市非物质文化遗产展馆，这是温岭市首个非物质文化遗产展示馆。

　　温岭现有国家级"非遗"项目两项，省级10项，台州市级37项，温岭市级百余项。该馆占地面积350平方米，馆藏"非遗"实物89件、

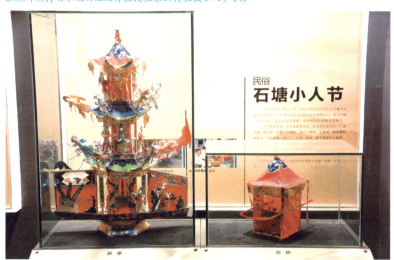

2003年8月，日本福田亚细男教授在东山村拍摄小人节习俗

温岭市非物质文化遗产馆里的小人节彩亭、彩轿

展板26块、书籍和册页32本。展馆通过实物、图片、文字、多媒体等现代科技手段,陈列展示了温岭市国家级"非遗"项目、省级"非遗"项目和部分台州市级、温岭市级"非遗"项目,涉及民间文学、传统音乐、传统舞蹈、传统戏剧、传统美术、传统技艺、传统医药等,其中石塘七夕习俗这一国家级"非遗"项目,除了文字、图片介绍外,还邀请省级传承人箬山的骆业生,制作了彩亭和彩轿用于展示。

这一温岭市非物质文化遗产展馆每周六、日向市民免费开放,它的建成,可让市民和外地游客初步了解石塘七夕习俗等"非遗"项目内容。

2014年,为进一步推进温岭"非遗"馆建设,全面展示温岭的非物质文化遗产保护成绩,普及和宣传非物质文化遗产知识,温岭市文化广电新闻出版局还在箬山陈和隆旧宅(即省级文保单位"石塘陈宅")建成了"百年鼓舞"大奏鼓展示厅、"七夕祈福"石塘七夕习俗展示厅、"海洋花开"温岭海洋剪纸展示厅。这三个"非遗"展示厅通过文字、照片、实物等形式,全面生动地展示国家级、省级"非遗"项目的历史沿革、基本内容、特色风格等,于2015年2月春节对外免费开放。

台州市图书馆馆长毛旭,原任温岭市图书馆馆长,他对地方文献征集工作非常重视,几次约请《温岭日报》记者黄晓慧整理大奏鼓、七月七小人节和石塘元宵节有关摄影照片，制成展板在台州市图书馆内展出。其中，有关石塘七夕习俗的展览于2012年8月20日至9月20日在该馆中庭举行，历时一个月，展出了黄晓慧十多年来陆续拍摄的有关小人节的摄影图片。

2014年6月至8月，温岭市文保中心联合温峤镇、石塘镇、大溪镇举办"文化温岭 美丽'非遗'"为主题的非物质文化遗产十年成果巡回展，分别在琛山文化礼堂、大溪镇人民政府和石塘镇里箬村文化礼堂作巡回展览，展示了温岭近年来非物质文化遗产保护工作取得的丰硕成果。这是为深入贯彻落实浙江省文化厅关于印发的《省级文化系统农村文化礼堂建设服务菜单》的通知而特意举办的活动。温岭市"非遗"十年成果巡回展以36块展板，图文并茂地总结了温岭近10年的"非遗"保护成果。另有石塘七夕习俗展板共16块，详细介绍了石塘七夕小人节的礼俗。

此外，还通过拍摄电视专题片、举办展览等向市民介绍七月七小人节的习俗特色。

2013年，温岭市文化广电新闻出版局约请浙江博顿影视文化有限公司拍摄制作了大奏鼓、石塘小人节、温岭洞房经、温岭海洋剪纸、戥秤制作技艺、温岭草帽编织技艺和松门白鲞制作技艺等10部省级以上"非遗"项目专题宣传片，展示温岭非物质文化遗产深厚的历史文化底蕴以及政府部门保护非物质文化遗产的具体行动。

近几年来，温岭还在小人节时举办专题观摩活动，让更多的人关注小人节。2012年7月，温岭文化广电新闻出版局举办了为期一周的"触摸历史文化，感受美丽家乡"温岭中小学生零距离体验历史文化遗产系列活动，包括传统手工技艺学习班、走读石塘、亲历小人节等。

2013年8月13日是农历七月七，浙江省文化厅领导和"非遗"专家及相关媒体前往温岭和东阳体验传统七夕民俗活动。当天，省文化厅副厅长柳河，浙江省民俗文化促进会会长童芍素、副会长连晓鸣，台州市文化广电新闻出版局局长郑楚森等领导、专家走进里箬村，实地考察国家级非物质文化遗产石塘七夕习俗。

当天，温岭"非遗"文化展示活动在里箬村热热闹闹举行，当地政府还在省级文保单位石塘陈宅里组织了温岭"非遗"项目表演展示。

浙江省文化厅确定温岭石塘和诸暨的东白山为七夕民俗文化体验点，诸暨的东白山是男女情爱浪漫主题的，温岭这个则是谈恋爱结婚后生的孩子怎么样茁壮健康成长的，习俗性很强，所以将两地的七夕民俗连在一起。

在松门举行的专家座谈会上，有关专家谈了小人节的文化价值，如浙江省民俗文化促进会会长童芍素说："看了大奏鼓和小人节，很感动。这么多年，老百姓还保持着原生态的文化。现在民俗文化越来越受重视，保护传统节日实际上就是对老百姓生活方式的尊重。"她认为，七月初七是立秋后的第一个节日，"七"是一个非常神秘的数字，人死后要"做七"，正月初七是人日……传统文化中，七与人的生命直接相关，七月初七有两个"七"字，更具神秘性。

"生命是女人孕育的，所以小人节的祭拜都由奶奶等女性长者主持祭祀，祈求七娘妈保佑孩子健康、聪明。这是传统的基因，表达了最原始的人类的生命意识。小人节这个节日的现代表达，可以考虑往生命教育方向发展。我们可以通过小人节，对孩子们进行生命教育，一是要活着，二是要活好，祈愿孩子们健康、善良、聪慧、勤劳。通过这一民俗活动，让孩子感悟到生下来就是不容易的，对长辈要孝顺，对家庭要有担当。"童芍素如是说。

特邀专家吴双涛认为，保护传统节日，就是保护传统文化，这是非常有意义的，跟保护环境一样重要。

特邀专家胡华钢认为，温岭石塘的七夕习俗是16岁以下的未成年人过节，主题与乞巧还是有关联的。实际上，我们看到的在那个老房子里做手工等也是巧手问题，内涵跟七夕节的起源是相关的。政府可以有意识地从民间传承角度，围绕"巧"字做文章，如乞巧、赛巧等。

2013年8月12—13日，温岭新闻网虎山论坛组织石塘小人节现场观摩活动，看英仙座流星雨、观海上日出、与全国道德模范郭文标零距离接触、在小沙头村观摩小人节等。

2014年8月2日上午，石塘镇在里箬村文化礼堂举办主题为"石

塘镇美丽'非遗'进礼堂"的小人节活动,在里箬村内举行大奏鼓表演,在陈和隆旧宅底楼,则由陈祥来(东湖村人)、梁财庆等"非遗"传人演示和教授海洋艺术手工、小人节彩亭泥人制作等。浙江工业大学学生参加了体验活动。

2. 意见和建议

民间艺术是祖先留给我们的珍贵文化遗产,有学者指出:它"不仅是人们生活上的伙伴,艺术欣赏的醇酒,又是艺术家创作的乳汁,它哺育了许多伟大的艺术家。它的重要作用还在于为社会学家、民族学家、民俗学家、历史学家、戏剧家等提供丰富的素材,如果专家们不注意研究民间艺术——民间文学、民间美术、民间戏剧、民间舞蹈等,他们的创作没有根基,必然贫乏、空洞,可以说民间艺术是培养艺术家的肥沃土壤。"(赵刚《民间艺术在现实生活中的意义》)我们有责任、有义务保护和传承祖先留给我们的每一种珍贵文化遗产,并加以发扬光大,使传统文化在新时代焕发出新的生命力,更好地为经济建设和社会发展服务。

如何进一步加强石塘七夕习俗的保护?笔者认为:

(1)切实提高对石塘七夕习俗文化价值的认识,大力营造保护氛围。

保护好物质和非物质文化遗产,是历史赋予我们的责任。民间艺术保护得好不好,首先在于提高对民间艺术重要性的认识,大力营造民间艺术保护氛围。

我们必须要进一步切实提高对民间文化重要性的认识，增强民间文化保护的紧迫性，要站在落实科学发展观和构建社会主义和谐社会的高度，从加快建设文化大市的要求出发，正确处理保护与传承、传承与创新之间的关系，坚持"保护为主、抢救第一、合理利用、传承发展"的方针，结合实际深入贯彻《国务院关于加强文化遗产保护的通知》和《国务院办公厅关于加强我国非物质文化遗产保护工作的意见》，推动非物质文化遗产保护工作。要在成功开展非物质文化遗产普查的基础上，继续做好收集整理、建立数据库等基础性工作，可以通过举办小人节专题图片摄影比赛等，征集现在的小人节习俗图片，在温岭图书馆建立小人节专题数据库。要进一步加强宣传工作，充分利用报刊、广播电视、微信公共平台等公共传媒普及保护知识，及时介绍石塘七夕习俗的现状、糊亭艺人生存处境、保护措施和保护成果，可以在建成后的温岭博物馆中，设立小人节展区，提高社会各界的保护意识，积极引导和动员全社会力量参与非物质文化遗产保护工作，为非物质文化遗产保护工作营造良好的社会氛围。

(2) 注重活态保护，完善保护机制。

对于非物质文化遗产的保护，要注重的是活态保护，即在传承中保护。中国艺术研究院美术研究员彭迪撰文说："长期以来，民间形成了众多与节气、时令、气候、水土有关，与生产生活需要有关的祭祀、祈祷、纪念、敬仰、迎送等习俗活动。绝大多数情况下，民间艺术形式都是这些习俗活动的有机部分，它们的静态特征不仅显示出明显的依附性或针对性，而且很大程度地消融在这些活动的动态整体结构中，以至具有'时间艺术'的动态性。其静态形式背后的那些生机盎然、丰富多样的生活底蕴，那些活跃的彼此相关、互为表里的文化因素，是民间艺术存在和发展的根本条件。因此，要想活态地保护民间艺术或保护民间艺术的活态，就需要将它们还原到民俗活动的动态结构里去，使之获得其艺术精神的活的来源及其与社会生活的鱼水相依的联系。"（彭迪《建言民间艺术的活态保护》，原刊《美术观察》2007年11期）

　　石塘、箬山小人节作为一种岁时节俗文化，它贯通古今、横连闽南文化圈，对于研究中国传统的七夕习俗的演变、闽南文化圈七夕习俗的异同等，都具有非常重要的研究参考价值。因此，我们要加强活态保护。在保护机制方面，要通过加大财政投入力度，把保护经费列入财政的经常性预算。按照《浙江省非物质文化遗产保护条例》的规定，设立保护专项资金用于和小人节相关的珍贵资料、实物的征集和糊亭艺人等非物质文化遗产传承人、传承单位的资助或者补助等。可将小人节习俗嫁接于旅游产业中，将小人节纸亭泥偶制品，独立包装成旅游纪念品(偶人衣服以缎布等制作，提高耐用性），提高民间糊亭艺人的经济收入。同时，还要进一步研究小人节习俗的源流，研究其丰富的历史文化含义。要加强横向联系，研究福建泉州、台湾台南、温州洞头、玉环坎门等相关闽南文化区的民俗文化，加强温岭文化的源流研究，把温岭的习俗文化放在一个大的背景上加以研究。民间文化保护是一项长期的系统工程，我们要争取将民间文化保护纳入本级经济和社会发展规划，温岭市文化广电新闻出版局已委托浙江师范大学浙江省非物质文化遗产研究基地编制《温岭市石塘文化生态保护区总体规划》，在小人节习俗保护方面，也有较多内容涉及。

后记

　　石塘，是个素以"画中镇"、"中国的巴黎圣母院"著称于世的渔镇，作为温岭人，我却是直到1997年下半年到温岭报社工作后，才第一次走进它。

　　而后，因为工作的关系，一次又一次走进石塘、走进箬山（一开始时，石塘镇和箬山镇是两个镇，还没有合并），渐渐熟悉了解了石塘、箬山的风俗习惯。箬山的元宵扛台阁（扛火鼎、扛火镬习俗），这种带有闽南文化烙印的渔村民俗，让我痴迷。在近二十年间，我多次

箬山的清明节

在元宵节前走进箬山、石塘，一次又一次拍摄纪录这一风俗；还有箬山的清明节，也与温岭农村的其他地方不同，他们在清明节的午后，举家出动，到山头扫墓，将彩纸压在一座又一座坟头，山海之间，青烟袅袅而起，鞭炮此起彼伏的场面，令人印象深刻。还有在闹元宵扛台阁时出动的大奏鼓，这一以男扮女装为主的民间舞蹈（后来也有了女子版的大奏鼓），诙谐豪放，充满着生命的活力，令人百看不厌。石塘、箬山一带的妈祖信仰习俗，也是独特的，在农历三月廿二晚，渔家女聚集到天后宫（妈祖庙）里护寿，人们请来戏班演戏作贺。次日，渔家妇女担着各种祭品到庙里上供，祈祝渔业生产丰收、渔民出海平安……在石塘、箬山，"一粽"、"二面"、"三圆"、"四羹"、"五花色"，各种渔村特色的美食也让人回味无穷。石塘、箬山，这

2015年三月廿二桂岙天后宫妈祖寿夜

一闽南文化的"飞地"，其民俗风情是那么的独特！

感谢温岭市文化广电新闻出版局局长吕志令、副局长冯海萍，温岭市文化遗产保护中心主任张淑凝女士、副主任邵银燕女士等对我的信任，使我获得了撰写《石塘七夕习俗》这本书的机会，也使我能够更深入地盘点石塘、箬山的历史、民俗风情，重温与石塘、箬山之缘分。

有关七夕的图书已有很多了，但是，专门介绍石塘七夕习俗的书却还没有。即便是在"文化大革命"中，传统民俗作为"封建迷信"被破除、受冲击之时，人们仍然在顽强地偷偷进行着七月七的祭拜活动。但是，在20世纪80年代前，有关"小人节"的文字记载，却是少

现在的七月七祭拜都改为早上或上午举行了

之又少，到目前为止，几乎没有发现在20世纪80年代前的有关记载，而当时有关的摄影图片，更是难找。加上石塘七夕习俗源自泉州，寻根溯源必须要到泉州实地考察。我接受这一写作任务时，也可说是忐忑不安，怕有负重托，幸亏有诸位老师、朋友及素昧平生的人们的热心帮助，这本书才得以完成。

我的本职工作是《温岭日报》记者，同时每周还要编辑版面，记者的日常工作就比较繁忙了，在2013年底，由单位指派，我花了三个月时间用于《百年温岭》这本纪念温岭县名定名百年的纪念特刊，故该书的采访计划只有推后，在年后的两会后，才有精力在双休日投入到采访中。

我在石塘、箬山采访期间，有关的彩亭制作艺人，都给予我很大的帮助，他们毫不保留，将纸亭制作的方法、心得和盘托出，并向我介绍小人节祭拜的一些仪式和文化意蕴，特别要感谢梁安奶、郭献忠、陈其才、陈筱祥、郭光兴、梁财庆、郑念玉、徐彩娥、陈其权、林仁敏等糊纸艺人、非物质文化遗产传承人，遗憾的是，梁财庆之父梁发春和省级非物质文化遗产传承人骆业生因病在2014年5月30日和7月3日相继去世，使我失去了请教的机会（好在骆业生2013年七月七时曾接受过我的采访）。

还有我箬山、石塘的朋友、师长陈祥来（东湖村人）、陈其胜、孙连忠、林作标、莫爱蓉、陈祥田、庄廷川、郭家甫、郭廷吉、陈青

晔、刘楹、周功胜、曾悦华等，作为土生土长的石塘人、箬山人，他们为我解答了许多难题，并指引提供线索，为我完成这本书提供了许多方便。

2014年七夕前后，我在泉州实地考察采访期间，特别要感谢崇武古城靖江村的郑甘女士一家，还有其邻居张家婆媳以及大岞村的张培昆等人，感谢他们允许我拍摄记录七月七祭拜习俗过程，为对比研究提供了宝贵的原始资料。还有一路遇到的孟丽玲、王碧阳，和金传庐糊纸作坊的陈强华先生，以及在采访前做资料工作时，为我提供方便的网友，如崇武大岞的曾梅霞女士、新浪微博上的@惠安女刺桐花、@泉州永宁卫青年旅舍、@海宁天风、@泉州蟳埔人等，没有他们的帮助，此次泉州之行不会这么顺利完成采访考察任务。

还要感谢石塘的王梅兰、郭金花、庄阿兰、陈金珠等渔家阿婆、渔家女，她们向我提供了有关七月七祭祀的内容。还有石塘、箬山其他一些认识或以前素不相识的朋友，他们的热情帮助令人难忘。

另外，还要特别感谢我的老师、中国戏曲学院的傅谨教授，多年前，他以温岭戏班为主要考察对象进行田野调查，撰写了《草根的力量——台州戏班的田野调查与研究》（后改名为《戏班》一书，曾获得中国图书奖，我曾有幸陪其在温岭采访，他那种细致深入的工作作风，至今难忘。还有我高中时的物理老师、现在浙江师范大学任教的林友桂先生，他撰写的《温岭大奏鼓》一书，也是浙江省非物质文化遗产代表丛书之一，这本书是在文献资料异常缺乏的情况下写成的，而对历代传统挖掘很深广，两位师长的著作，为我树立了榜样。

还要感谢台州图书馆馆长毛旭、副馆长林君荣，温岭图书馆馆长杨仲芝等，在资料查阅方面给我提供的便利。感谢洞头文化广电新闻出版局为本书提供图片资料。也感谢书稿的审稿专家陈华文。

此外，还要感谢陈勤建、刘宗迪、方宝璋、郭修琳、刘晔原、陈其恩、邱国鹰等诸位专家，他们的著述，为我提供了参考。最后，还要感谢单位同事以及家人，他们的理解让我得以顺利完成撰写任务。

当然，作为一种传统习俗，要说清楚其来龙去脉，还是有许多难度的，由于时间较紧，在泉州和玉环坎门等地实地考察时，只能选择有限的几个观察点，不能在更大的范围内进行考察，还有温州的洞头县以及台湾省的台南市等相关地方，因为时间关系，无法进行实地考察，只能根据文献资料进行对比研究。当我基本完成各项采访时，截稿时间较紧，而我又只能在繁忙的工作之余进行写作，因此，本书的撰写，定然还有许多不足之处，希望读者朋友指正。

黄晓慧

联系邮箱: kunqu@126.com

责任编辑：盛　洁
装帧设计：薛　蔚
责任校对：高余朵
责任印制：朱圣学

装帧顾问：张　望

图书在版编目（ＣＩＰ）数据

石塘七夕习俗 / 邵银燕主编；黄晓慧编著. —— 杭
州：浙江摄影出版社，2015.12（2023.1重印）
（浙江省非物质文化遗产代表作丛书 / 金兴盛主编）
ISBN 978-7-5514-1192-9

Ⅰ. ①石… Ⅱ. ①邵… ②黄… Ⅲ. ①乡镇—节日—
风俗习惯—温岭市 Ⅳ. ①K892.1

中国版本图书馆CIP数据核字(2015)第281136号

石塘七夕习俗

邵银燕　主编　黄晓慧　编著

全国百佳图书出版单位
浙江摄影出版社出版发行
　　　　地址：杭州市体育场路347号
　　　　邮编：310006
　　　　网址：www.photo.zjcb.com
制版：浙江新华图文制作有限公司
印刷：廊坊市印艺阁数字科技有限公司
开本：960×1270　1/32
印张：6.375
2015年12月第1版　　2023年1月第2次印刷
ISBN 978-7-5514-1192-9
定价：51.00元